国語嫌いな生徒が変わる！

中学校国語科
つまずき対応の
授業&評価プラン

吉川芳則 編著

明治図書

まえがき

　ことばで思いや考えを表現すること，ことばで物事や世界を理解，認識することは本来楽しい行いであり活動である。多感な中学生であればなおさらである。しかし，実際にはそのようになっていない現実がある。国語の時間は，多くの生徒にとって退屈な時間，つまらない時間になっていないかと危惧される。

　そのように感じさせている原因には様々あるだろうが，最も大きなものとしてことばを学ぶことに何らかの困難を来していることが考えられる。必要な言語能力を身に付ける途中段階でつまずいて，じゅうぶんな成果を上げられていないのではないかということである。その困難，つまずきのポイントが明らかになり，それを解消する授業が行われれば，中学生らしい生き生きとしたことばの学びが生まれる。国語の時間は楽しいものになる。

　問題は，数学などとは違って国語の場合，学習内容の系統性が緩やかで曖昧な部分が多いため，どこでつまずき，何に困難さを抱えているのかがわかりにくいということである。漢字が書けない，語句の意味がわからない，作文の表記面でのまちがいが多いなど現象面でよくわかるものなら別である。しかし，理解力や表現力のような高次な言語能力に関するものは見えにくいだけに，つまずきのありようを把握しにくい。そこここを明らかにし，それらを解消，克服していくための授業をつくらないと，生徒の国語嫌いを払拭することはなかなかできない。

　折しもわたしは，平成27〜29年度の兵庫県教育委員会のプロジェクト事業である「ひょうごつまずきポイント指導資料作成検討委員会」の委員長として指導資料の作成作業に携わった。プロジェクトは小，中学校の国語，算数・数学を対象に取り組まれたが，わたしが直接的に実践構想や指導資料の編集に関わった中学校国語科の内容をもとに，委員会のメンバーに実践の提供と執筆の協力を仰ぎ，本書を編むことにした。

　したがって本書で取り上げる「つまずき」や「困難点」は，兵庫県の生徒の実態を踏まえたものではある。しかし，それらは全国の多くの生徒が抱えている共通の「つまずき」「困難点」でもあると言える。本書では，そうしたことばの学びにおける生徒たちのつまずきを踏まえた具体的な実践提案を行った。日本の生徒たちの国語嫌いを払拭する一助となれば幸いである。

　末筆ながら「ひょうごつまずきポイント指導資料」の内容の転載，活用について快諾くださった兵庫県教育委員会，とりわけ指導資料の編集担当である事務局義務教育課には深甚なる感謝を申し上げる。

2018年6月

兵庫教育大学大学院教授　吉川　芳則

目 次

まえがき……………………………………………………………………… 2

第1章 生徒のつまずきを捉え，克服するための国語科授業づくり

本書で取り上げる中学校国語科5つの「つまずき」……………………… 6

つまずきを解消し，克服する指導のポイント……………………………… 8

第2章 第1学年 国語嫌いな生徒が変わる授業＆評価プラン

1 話すこと・聞くこと／「話題や方向性を捉えて話し合おう」
情報の収集や提示の仕方をつかませる…………………………………… 16

2 書くこと／「学校新聞の記事を書こう」
板書を活用して，書くための情報を整理する…………………………… 22

3 書くこと／「蓬莱の玉の枝―『竹取物語』から」
考えの根拠となる資料の活用を促す（接続語を用いた三段構成で書かせる）………… 30

4 読むこと（文学的な文章）／「少年の日の思い出」
叙述に着目する言語活動を位置づける…………………………………… 38

5 読むこと（説明的な文章）／「ペンギンの防寒具」
段落の並べ替え活動でつかんだ構成を生かして作文活動に生かす………………… 46

3

6　我が国の言語文化に関する事項／「芸術作品の鑑賞文を書く」
　　類義語探しで，表現したいことを吟味させる……………………………………………………… 54

第3章　第2学年　国語嫌いな生徒が変わる授業＆評価プラン

1　話すこと・聞くこと／「扇の的―『平家物語』から」
　　自分や相手の考えを明確にできるワークシートを工夫する……………………………………… 60

2　書くこと／「調べて考えたことを伝えよう」
　　資料の集め方，調べ方を学ばせ，観点を決めて書かせる………………………………………… 66

3　書くこと／「扇の的―『平家物語』から」
　　賛成・反対の両面から読み，考える場を設定する………………………………………………… 74

4　読むこと（文学的な文章）／「走れメロス」
　　登場人物の行為の意味や根拠を整理しながら読ませる…………………………………………… 80

5　読むこと（説明的な文章）／「動物園でできること」
　　筆者の論理の展開を推論させ，自分の表現に活用させる………………………………………… 88

6　我が国の言語文化に関する事項／「類義語・対義語・多義語・同音語」
　　用例づくり，語句のイメージのイラスト化を取り入れる………………………………………… 96

第3学年　国語嫌いな生徒が変わる授業＆評価プラン

1　話すこと・聞くこと／「初恋」
　タブレットを使って話し方（話し合い方）を振り返らせる……………………………… 102

2　書くこと／「黄金の扇風機」「サハラ砂漠の茶会」
　自分の考えを明確にする場を設定した上で他者の考えに向き合わせる………………… 108

3　書くこと／「慣用句・ことわざ・故事成語」
　モデル文の検討と，付箋を用いた推敲の活用……………………………………………… 114

4　読むこと（文学的な文章）／「故郷」
　多様なグループ活動で課題についての考察を深めさせる………………………………… 122

5　読むこと（説明的な文章）／「間の文化」
　本論の内容から結論を推論させる…………………………………………………………… 130

6　我が国の言語文化に関する事項／「慣用句・ことわざ」
　「ことわざプリント」づくりで，ことわざを多様に表現させる………………………… 138

第1章 生徒のつまずきを捉え，克服するための国語科授業づくり

本書で取り上げる 中学校国語科5つの「つまずき」

　ここで取り上げる中学校国語科学習における「つまずき」は，「まえがき」にも記したとおり，平成27年度に兵庫県教育委員会が行った「つまずき」状況調査の結果明らかになったものである。全国学力・学習状況調査において兵庫県の生徒が年度をわたって継続して振るわなかった問題を，知識に関する問題（A問題）を中心に分析し，その内容に基づいて構成した問題について1，2，3年生（抽出校の生徒対象）に調査した。その結果認められた「つまずき」が，以下の5つである。

---

①自分の考えをもつこと
②生活や社会と結び付けること
③ことば（語彙）を確かに，豊かに用いること
④複数の情報や条件を踏まえて表現すること
⑤重要語句，キーワードに着目して読むこと

---

　⑤の「重要語句，キーワードに着目すること」は「読むこと」領域に限定された「つまずき」だが，あとの4つは，いずれも「話すこと・聞くこと」「書くこと」「読むこと」の複数の領域に見られる「つまずき」である。
　これらは，漢字が書けない，ことばの意味がわからない，すらすらと音読できないなどの見た目にもわかりやすい「つまずき」ではない。ことばを使って対象を表現したり理解したりする際に現れる「つまずき」である。それだけにわかりにくい，意識しにくいものである。同時に指導しにくいものにもなっていると思われる。
　しかし，これらの「つまずき」が解消されないと，ことばで深く学ぶことにはならない。また，ことばによって物事の見方，考え方を広げていくことも難しい。
　本書では，調査結果をもとに，これら5つの「つまずき」に関わるさらに具体的な「つまずき」「困難点」を，「話すこと・聞くこと」「書くこと」「読むこと」の各領域及び「言葉の特徴や使い方に関する事項」「我が国の言語文化に関する事項」別に，次のように捉えた。

「①自分の考えをもつこと」についての「つまずき」
　・相手の意見を踏まえて話す内容をもつ。（話すこと・聞くこと）

○批判的なものの見方・考え方で書く。（書くこと）

○根拠や理由を明らかにした，筋の通った文章を書く。（書くこと）

＊筆者の見方・考え方を読み取る。（読むこと）

「②生活や社会と結び付けること」についての「つまずき」

○日常生活や社会生活から課題や書くことを決める。（書くこと）

○体験と結び付けて，わかりやすく書く。（書くこと）

「③ことば（語彙）を確かに，豊かに用いること」についての「つまずき」

・うまく説明したり，話し合ったりする。（話すこと・聞くこと）

○多様な言葉を用いて，わかりやすく自分の考えを表現する。（書くこと）

□言葉に興味をもって，自分の表現に生かす。（言葉の特徴や使い方）

□ことわざや慣用句などに興味がわく。（言葉の特徴や使い方）

「④複数の情報や条件を踏まえて表現すること」についての「つまずき」

・情報を整理して，話したり聞いたりする。（話すこと・聞くこと）

○複数の資料や条件を踏まえて書く。（書くこと）

○異なる考え方を取り入れ，自分の考えを深めて書く。（書くこと）

「⑤重要語句，キーワードに着目して読むこと」についての「つまずき」

＊登場人物の描写を読み取る。（読むこと）

＊作品の主題をつかむ。（読むこと）

＊場面の展開を捉えながら文章全体のつながりを考える。（読むこと）

＊筆者の説得力ある書き方を読み取る。（読むこと）

＊筆者の見方・考え方を読み取る。（読むこと）

＊文章の構成や段落相互の関係をつかむ。（読むこと）

　示した５つの「つまずき」とその具体的な内容については，兵庫県の生徒に限ったものではない。全国各地の先生方の話や様々な実践報告からも，多くの生徒たちが抱えている「つまずき」であることは推察できる。

　以下では，これら５つの「つまずき」の内容の解説と，それを解消するための授業づくりのポイントについて述べることにする。

つまずきを解消し，克服する指導のポイント

1 自分の考えをもつこと

　自分の考えをもつことは，もっとも大事にされねばならない基本的な学びの行為である。平成29年版学習指導要領の「読むこと」の指導事項にも「考えの形成，共有」が観点として位置づけられている。しかし，このことがじゅうぶんにできていない生徒の実態がある。

　国語科授業における「自分の考えをもつ」学習場面としては，話を聞いたり，文章を読んだりしたときが中心となる。（ここで言う「文章」には文学，説明的文章，それに仲間の作文も該当する。また「話」には教師や友達のスピーチ，授業中の発言が対応する。）もちろん何かを話したり書いたりする際にも考えをもたねばならない。が，より直接的には読む，聞くときに考えたことがもとになって，その結果を話したり書いたりするということになる。

　そうした読む，聞く活動を行う際に自分の考えがもてないということは，学んでいることが他人事としてしか捉えられていないということである。ここにつまずいている生徒には，学習対象を自分のこととして引き寄せられるような手立てが必要である。

❶根拠や理由を問う

　自分のこととして読んだり聞いたりできるようにするためには，いつも根拠や理由を意識して考えるように求めていくことが必要である。

　「自分の考えをもつ」ことには様々なレベルのものがある。「この話に登場する人物についての説明として最も適切なものを，次の1から4までの中から1つ選びなさい」という問い（2018年度全国学力・学習状況調査問題B−③）に対する答えを1つ決めることも，自分の考えをもつことと捉えることはできるだろう。しかし，なぜ他の3つではなくこの選択肢の内容であるのかについて説明を求めると，答えに窮する生徒は多い。何となくとか，これかなと思ったのでというのではなく，その時点での選択理由（自分の考え）をはっきりと表現（話したり書いたり）させることが必要である。

　最終的には「これはどういうことかな」「なぜこんなことになったのだろう」「なぜこのようなことばを使っているのだろう」「何を根拠にそんなことが言えるのだろう」というように自問し答えを自分で出す（＝自分の考えをもつ）ようにさせたいが，いきなりは難しい。まずはありきたりの感想や発言で終わってしまう生徒に対し，「なぜそんなふうに思ったのですか？」

「何を見て（どのことばから）そう考えたのですか？」と問いかけ，答えさせるようにしたい。

　逐一そのようにしていたのでは面倒ではある。しかし地道に継続していると，徐々に意識し始めるようになる。「なぜかと言うと……」「このことば（事柄）から……」ということが発言やノートの記述の基本的な表現スタイルになるよう，しつこいくらいに問うていきたい。

❷自分の考えをもつ時間と場をつくる

　案外なされていないこととして，授業中における自分の考えもつための時間と場の保障が挙げられる。通読段階で作品を読んだ感想を書くことはあるだろう。しかし，学級全体で読み深めていく授業の中で，立ち止まってそのときの思いや考えを書き記す学習活動はどれほど設定されているだろうか。友達の発言内容や教師が問うたことに対してきちんと自分の意見を述べる機会は，たとえばグループの話し合いの中でどれほど位置づけられているだろうか。

　教師の説明や一部の生徒の発言が中心となって進行していく授業においては，取り立てて自分の考えをもつことはなくても多くの生徒は困らない。まさしく他人事で済む。読み取ったこと，聞いたことについて，短い時間であっても自分の考えをまとめる学習場面を必ず設定するようにしたい。1単位時間のはじめ，途中，終末と学習が発展していく各段階おいて，自分の考えも広がり，深まっていくはずである。それらをぼんやりとしたものとしてやり過ごさせるのではなく，意識させるための時間と場を学習活動として確実に位置づけるようにする。

　自分の考えをまとめるには書くことが最適だろうが，時間的な制約もある。ペアでの伝え合いもうまく使って立ち止まって考える機会を確保するようにする。所用時間も長短組み合わせて柔軟に活用するよう心がける。授業の中で，学習活動として自己の考えをもつ場と時間がないのでは，ことばに向き合い，考えを巡らせる生徒が育ちにくいのは当然である。

❸比べて考え，表現することを促す

　自分の考えをまとめるといっても，どのようにすればよいかわからない生徒もいる。そうした生徒には，別のもの（他者）と比べて自分の考えを述べるように助言する。これは様々に比較することを取り入れた授業を求めることにもなる。

　1つには，友達の意見と比べることである。「○○のことについて，これまで出された友達の意見と比べて自分の考えをまとめてみましょう」と，授業の中盤や終盤で問いかけることができる。事前にこうしたまとめを行うことを予告しておくことがあってよい。そのつもりで友達の発言に耳を傾ける効果も期待できる。また教師のほうで，これまで皆さんから出された意見には，大きく言って○○についてのもの，△△についてのものの2つがありました。これらのうちのどちらの考えがふさわしいと思ったかまとめてみましょう」というふうに，友達どうしの意見を比べて考えをまとめさせることにも取り組ませたい。同じような意見か，異なる考えか，立場をはっきりさせることになるため自分の考えをもつよう促すことになる。

　もう1つは，事柄どうし，ことばどうしを比べることである。「このこと（ことば）と，このこと（ことば）とを比べてみてわかったことは何でしょう」や「比べてみて何が同じですか

第1章　生徒のつまずきを捉え，克服するための国語科授業づくり　9

（違いますか）」などの問いは，観点が明確であるため考えをまとめやすい。その際，理由・根拠を付加することはもちろん求める。

2 生活や社会と結び付けること

　生活や社会と結び付けて思考したり表現したりすることが弱いという状況は，「自分の考えをもつこと」の項でも述べたように，対象とする物事を自分と関係のない他人事と捉えて済まそうとする態勢の表れでもある。

　教科書にある説明的文章は未知の内容についての文章であるかもしれない。また文学作品は虚構の世界の出来事ではある。しかし，説明的文章にある内容や主張は，自分の日々の過ごし方や，今のそしてこれからの社会のあり方に通じるものであることが多い。文学作品の登場人物の言動は，自分も含めた身の回りの人，社会的立場にある人の生き様の典型を表してもいる。語り手の人物や物事の捉えようは，自分の見方，考え方を見直す契機となる。

　このように国語の授業を自分や社会を対象化することばの学びの場とすることは中学生には必須である。そして，このことは話すこと・聞くこと，書くことにおいても同様である。

❶表現するテーマ（内容）を，身の回りの生活や社会の出来事のレベルで書き出す

　たとえばボランティアについてスピーチをしたりレポートを書いたりする場合，関連すること，連想できることを単語レベルで線でつなげて書き出し，広げていくようにする。ウェビング法とかワードマップ法とか言われる手法である。基本的には制約なしに広げていってよいが，ボランティアのようなテーマであれば，生活や体験からことばをつないでいくルートと，新聞やテレビ，ネットなど報道される社会的側面からつないでいくルートというふうに大まかな枠組みを設定しておいてもよい。また一枚の紙に書きつないでいくのがやりにくければ，付箋に１単語ずつ書いて貼っていく方法でもよい。最後に線でつなげばウェビングと同じである。

　このように身の回りの生活や社会との結びつきを意識化する取り組みを設定することで，表現する際に取り入れやすくなる。抽象的なテーマ（内容）でも，具体レベルで概念を広げていく中で，どういう角度でつながりを求めて表現すればよいか浮かび上がってくる。いつも多くの時間をかける必要はない。立ち止まり，生活，体験や社会に目を向ける行為を習慣化したい。

❷社会の出来事，既有の知識を引用して表現する

　ウェビングやワードマップでボランティアに関する要素をつかむことができれば，次はそれを実際のスピーチやレポートの原稿に仕上げていくことになる。その際の１つの方法として，引用する形で表現することに取り組ませる。とくに社会的側面の内容は，報道されていることが多いため，新聞やウェブサイトから直接引用し，それについて自分の考えを述べるという形を取らせる。

　はじめのうちは厳密に引用できなくてもよい。引用の体裁を取ることで，社会的な出来事と

の関連で考えをまとめよう，表現しようとする姿勢が身に付くようになる。

3 ことば（語彙）を確かに，豊かにすること

　生徒たちの使用する語彙は，貧相になり縮小する傾向にある，と言ったら言い過ぎだろうか。講演などでよく取り上げる話題に，児童生徒たちが話す際に「めっちゃ」「やばい」の語をあまりに安易に，過度に使っていないか，ということがある。この2語を使い回すことで，仲間内の（場合によっては授業中のグループでの話し合いでさえも）コミュニケーションはそれなりに成り立っている。それはそれで，ある意味たいしたスキルかもしれない。が，限られた語で表現することに慣れ親しんでしまうと，相手が替わり，場面（状況）が替わっても，そのときどきの環境にふさわしいことば遣い，自分の思いを的確に伝える話ができにくくなることは容易に想像がつく。これは，大人も同じである。国語科の授業でこそ，日本語がもつ多彩なことばを使うことのよさを実感させ，豊かな言語感覚を身に付けた主体に育てていきたい。

❶調べたり，学んだりしたことばを使う場を意図的に設ける

　語彙を増やすための単元を特設する場合がある。たとえば，ことわざや慣用句について調べるといったものである。こうした学習で知ったことわざ等は，調べて知って終わりではなく，学習後のいろんな場面で使うことで身に付き，自分の表現語彙となっていく。

　ことわざや慣用句を用いた短作文を書くこともよいが，もう少しボリュームを増やして，それらが使われている物語を創作する，生活のワンシーンを描写，作文する，というのもおもしろい。四字熟語でも同様に調べ，活用して表現する学習ができる。単元終了後の一定期間，授業のはじめに，「今日のわたしのことわざ（慣用句，四字熟語）劇場」のような形で，短い物語，ワンシーン描写を，ペアやグループで発表，交流し合うことを位置づけることもできる。調べたことわざや慣用句等のリストを作っておけば，そこから任意に選択して即興的に表現させてもよい。または家庭学習としてノートに書くようにさせてもよい。使ったことわざ等はチェックを付けさせておくと，意識して広がりを求めていける。

　こうした発表，交流会は，月に1回，年間を通して短時間で継続的に行うというやり方も効果がある。

❷授業の中で，関連する語句を取り上げ意識させる

　特設した単元での語彙の拡充だけでなく，日常の授業の中で関連することばを意識させていくようにする。文学教材でも説明的文章教材でも，読み取るための重要語については，同義語や類義語，反対語等をできるだけ問うたり教示したりしていきたい。語，ことばのネットワークを構築するよう働きかけるということである。1つのことばに出合っても，そのことばの意味や使われ方だけを独立して理解するだけでは，語彙は豊かになっていかない。そのことばにつながる様々なことばの蓄積が，その生徒のことばの世界を確かに，豊かにしていく。

第1章　生徒のつまずきを捉え，克服するための国語科授業づくり　11

4 複数の情報や条件を踏まえて表現すること

　あることについて話したり書いたりする際に，１つのことだけを取り上げるのであれば比較的簡単である。内容的にもわかりやすい。ただしこれは裏を返せば，中身が簡単，単純すぎておもしろさに欠けるという面も持ち合わせている。１つのことを取り上げるにしても，そのことについては２つ，３つの観点から言及するほうが内容的には厚みを増し，説得力が出たり実感がわいたりする。複数の情報，観点や条件を踏まえ，それらをつなげて話す，書くことは本来の表現のありようでもある。慣れさせ，できるように導きたい。

❶複数の情報や条件の共通点と相違点を確認させる

　複数の情報や条件を踏まえるためには，それらには何が共通して，何が異なっているのかが明らかになっていなければならない。あるまとまりとして表現しないことには，聞き手，読み手にはばらばらのものとしてしか認識されない。

　文献で調べる，インタビュー調査するなどして得られたいくつかの取材情報は，次には選材し，そしてどのように並べるか構成することになる。この選材作業の際に，情報相互の内容の関係を明確にし，取捨選択できるとよい。集めた情報の何が同じで，何が違うか。どの情報とどの情報を１つのグループにまとめるとよいか。この整理がしっかりとなされることで，それらを構成し，話表，記述する行為が容易になる。

　こうした情報内容の異同の識別には，付箋紙を用いた活動が効果的である。構成表を用意してそこに書き込ませる形でもよいが，付箋紙に書かれた１つの情報を動かしながら島を作っていくほうが試行錯誤しやすい。島にはその内容の特徴をネーミングしておくと，島相互の共通点，相違点がはっきりする。島ができれば，いくつの島で話す（書く）のか，またそれぞれ１つの島はいくつの事柄で構成するのか決めればよい。

❷複数の情報や条件を選択させたり指定したりして表現させる

　読むことの授業でも，複数の情報を関連づけて表現することを積極的に促すようにする。説明的文章で，筆者の主張内容をまとめて書き表す場合，結論部を中心に本文の中で主張につながるキーワードを２つか３つ選定し，それらを必ず使ってまとめるようにする。キーワードは生徒自身が決めるとより主体的な学習になるだろうが，教師のほうで指定してもよい。

　文学教材の場合も，当該場面の主人公はどのように語られているかを１時間の学習のまとめとして書かせる際に，複数のキーワードを指定する。または黒板上にある語句の中から２，３選んで，というのでもよい。

　こうした情報や条件の選定，指定に基づいての書くことは，全国学力・学習状況調査のＢ問題のあり方にも通じている。

5 重要語句，キーワードに着目して読むこと

　国語科はことばの力を付ける教科である。自明とも言えるこのことが，実際の読むことの授業では案外保障されていないことが多い。とにかく本文に何度も目を通すこと，問われたことに対する答え，考えの根拠を本文のことばに求めることは基本である。ここがきちんと行われている授業であれば，重要語句やキーワードに着目することは必然的になされる。

❶内容（事柄）中心の読みから脱する―ことば，表現のあり方に即した読み方指導へ―

　重要語句やキーワードに着目する力を付けるためには，ことばそのものを取り上げて話し合ったり考えを書いたりする授業を行うことが欠かせない。書かれている内容，事柄についてのみ意見が交わされていく授業では，何となくの印象，感じが出されるだけである。

　内容や事柄を読むことを否定しているわけではない。文学教材で出来事の移り変わり，人物の行動や心情の変化を追うことは必要である。しかし，そのことだけに終始していては，表面的なおもしろさには触れても，ことばのもつ意味，価値を味わうことは難しい。

　「○○と書いてあるので，主人公は○○のように行動したことがわかります」「筆者が結論部で○○のように主張しているのは，本論部の事例で○○と述べていることとつながります。なぜかというと○○だからです」というような本文のことばの取り上げ方をさせたい。ことばのありようとの関連で内容を具体的に読むことを促すのである。こうした読み方，読みの表出のあり方が，重要語句やキーワードに着目して読む力の基盤となる。

❷読みの課題（発問）を明確にする

　重要語句やキーワードに着目するといっても，何についての重要語句か，何のためのキーワードかがわかっていなければ見つけようがない。そこで大切なのが読みの課題（発問）のあり方である。

　文学教材の場合，「このときの○○はどんな気持ちでしょうか」と問いがちである。こうした問いでも，上述したように「○○ということばから，○○というふうに思っていると考えます」という言い方ができればよい。が，何となく雰囲気で答えてしまうことも多い。「このときの○○の心情は，どのことばから，どのようなものだとわかりますか。理由とともに教えてください」とすると，根拠となることばに着目した読みを促すことになる。

　説明的文章教材で，筆者の主張に対する自分の考えをもたせる場合も，「結論部で筆者が述べていることばを１つか２つ取り出して，そのことばに対する考えを書いて（言って）みよう」という課題（発問）にする。漠然と「どのように考えるか」と問うより，筆者の主張を示す語句（キーワード）への着目を促すことになり，自分としての考えも具体的でわかりやすく，力強いものとなる。

第1章　生徒のつまずきを捉え，克服するための国語科授業づくり　13

❸全体と部分を意識して読ませる

　文学教材でも説明的文章教材でも，精読段階に入ると勢い場面ごと，段落ごとに問うていくことが多くなる。精細に読むことは必要ではある。しかし，狭い範囲のみを読みの対象にしていたのでは，出来事やイメージ，事柄や情報相互の関係に目が向きにくくなる。

　重要語句やキーワードは，当該場面や段落という１つの部分の情報だけから浮上するものではない。作品や文章全体で訴えたり主張したりしようとしていることとの関係で見いだされる。

　平成29年版学習指導要領の「読むこと」の指導事項における「構造と内容の把握」の観点にも，「文章の中心的な部分と付加的な部分，事実と意見との関係などについて叙述を基に捉え，要旨を把握すること」（第１学年　説明的文章　ア），「場面の展開や登場人物の相互関係，心情の変化などについて，描写を基に捉えること」（第１学年　文学的な文章　イ），「文章全体と部分との関係に注意しながら，主張と例示との関係や登場人物の設定の仕方などを捉えること」（第２学年）などが見られる。

　「主人公の思い，考えが表れていることばを場面ごとに見つけてみよう。そして，それらをつなげて主人公の変わっていくありさまを話し合ってみよう」「序論，本論，結論それぞれの部分で筆者の考えを強く表していることばを取り出し，どのようにつながっているか確かめてみよう」などの課題（問い）は，語句，ことばをキーにしながら，作品や文章全体を部分との関係で読み深める学習になる。

❹批判的読み（クリティカル・リーディング）を取り入れる

　説明的文章の読みにおいては，内容や事柄，書き方がどのようになっているか確かめる読み（確認読み）にとどまらず，なぜ筆者はそのような内容，事柄を取り上げたのか，なぜそのような書きぶりをしたのかを検討する読み（批判的読み，クリティカル・リーディング，評価読み）を取り入れて授業づくりをし，重要語句やキーワードに着目する力を付けていきたい。

　拙著『論理的思考力を育てる！批判的読み（クリティカル・リーディング）の授業づくり—説明的文章の指導が変わる理論と方法—』（明治図書，2017）では，批判的読みの基本的なあり方として２路線を提示している。

　１つは「なぜ筆者は…のだろう」と問う読み方（筆者の発想の推論）である。たとえば，結論部での筆者の主張を巡って「なぜ筆者は○○ということばを用いて，○○のことを主張しているのだろう」のように問うて読ませることで，主張に関わるキーワードへの着目と，そのことばについてのさらに深い考えを促すことができる。

　もう１つの読みの路線は，そのようなことばを用いて主張している筆者の発想に対して「わたしは…のように考える。理由は…。」と考えさせる読みである。筆者のことばの使い方とそれへの思いについて，自分の価値観を付き合わせる。これもまた深い読みへの誘いとなる。

6 つまずき解消に向けた評価のあり方

　つまずいている観点，内容を，指導者としては明確に意識し，手立てを施し，生徒に克服させていくことが学習を楽しくし，力を付けていくことに直結する。しかし，一朝一夕にはいかないことも多い。目標（ねらい）―指導―学習―評価」を一体化させて授業をつくっていくことの繰り返しが基本となる。

❶つまずくことが予想される箇所，言語活動を評価の対象に

　ここで取り上げたもので言うと，5つの予想されたつまずきのポイントがあった。授業設計や実際の指導はその点について意図的になされたものであるから，評価は当然その部分に対して行うことが原則である。

　もちろん単元や本時の学習に対する目標，評価規準はあり，それについての評価は必要である。これらの評価の観点や内容と，つまずきポイントとの評価の観点や内容が一致していればよいが，そうでない場合もあるだろう。しかし，つまずいている箇所，内容が克服されることで本時の目標も，ひいては単元の目標も達成されていくものでもある。

　たとえば「自分の考えをもつこと」がなかなかできない生徒（学級）には，手立てとして「1」の項でも述べたように，本文の○○のことばと△△のことばを比べて考えを書くことや，そう考えた理由を簡単でよいから必ず入れて言うことなどを位置付けることになる。評価は，この手立て（＝学習活動）に即した観点，内容で表現されているかがB基準の指標となる。

　「自分の考えをもつこと」は，本時や単元のまとめの学習活動にもなり得るものである。したがって，読みの学習ではここに表現された内容で読み取らせたい価値，内容，読むことの能力等もあわせて評価することが可能となる。つまずきポイントの評価が，本時，単元レベルの評価に連動していくものとして捉えることができる。

❷簡便に，継続して，を原則に

　拙編著『アクティブ・ラーニングを位置づけた中学校国語科の授業プラン』（明治図書，2016）でも指摘したことだが，実践における評価活動はとにかく簡便なものでなくては続かない。息切れしてしまう。つまずきの解消，克服には時間がかかる。同じ観点での指導を繰り返していく中で徐々に解消されていく類のものである。だからこそ，手立てを施し学習させたことでどのようにできるようになってきたか（いないか）をその都度見届け，次の指導に生かしていく営みが鍵となる。

　B基準のみで生徒の表現したものをチェックすることで教師自身の負担を減らし，評価活動を展開する。その上で，継続して彼らのつまずき克服の歩みを支援していくよう努めたい。

（吉川　芳則）

第2章 第1学年 国語嫌いな生徒が変わる授業＆評価プラン

1 話すこと・聞くこと 話題や方向性を捉えて話し合おう（光村図書）

情報の収集や提示の仕方をつかませる

1 生徒のつまずきの実態とつまずきを踏まえた言語活動の特徴

つまずきの実態 話す側に情報量の過不足があり，聞く側にも情報をくみ取る姿勢に不足がある
言語活動の特徴 情報の収集，提示の方法や発言内容を検討する活動

　仲間どうしでの会話では大きな声で話すことができ，気兼ねなく過ごすことができているが，かしこまった場面で自分の意見を言えない生徒が増えてきている。自分の意見は正しいのだろうか，仲間に受け入れられるのだろうかという不安があり，授業での発表ですら避ける生徒が見受けられる。自分の意見をもちつつもそれを通せないというのは，社会生活において時に不利益を被ることになるだろう。そして，そのような生徒の多くは『正解』を常に求めているが，自分の意見をより『正解』に近づける術を知らないため，自分の意見を出せずにいたり出せてもその情報には過不足があったりする。

　本実践では，そのつまずきを踏まえ，班活動の中で情報の取捨選択をする活動を行った。自分だけの考えではまとまらないことでも，主観と客観をおりまぜて検討させるようにすれば，論理的な展開がなされる意見をつくることができる。また，それを戦わせることで，検討を繰り返すことができ，洗練された意見をつくることができるようになるはずである。

2 単元目標

①原因と結果，意見と根拠など情報と情報との関係について理解する。（知識及び技能　(2)ア）
②日常生活の中から話題を決め，話し合いの材料を集める。
　　　　　　　　　　　　　　　（思考力，判断力，表現力等　「A話すこと・聞くこと」ア）
③話題や流れを捉えて，相手の反応を踏まえて話したり自分の考えをまとめたりする。
　　　　　　　　　　　　　　　（思考力，判断力，表現力等　「A話すこと・聞くこと」ウ）
④話し手の言葉の使い方や効果に気づき自分の表現に生かす。　（学びに向かう力，人間性等）

3 評価規準

①話し合いの目的を理解し，「意見と根拠」「良い点・問題点」「共通点・相違点」など，話し合いの流れを踏まえて発言・質問し，自分の考えをまとめている。

②話し手の言葉や話し方に注目し，説得力のある発言にしようとしている。

4 単元計画（全8時間）

次	時	学習活動	総時間数
一次		学習課題：話し合いの資料を集めよう	
	1〜2	話し合いの資料を集める。インターネットによる情報収集ができる環境，ないしは図書室にて自分たちの立場にあった情報を集める。	1〜2
二次		学習課題：班に分かれ，立論文・質問・質問対策を考えよう	
	1（本時）	立論文の骨子をつくる。	3
	2	骨子をもとに立論文・質問・質問対策をつくる。	4
	3	立論文係：原稿用紙に立論文を作成する。立論は第1〜第5立論までとする。4つ以上作成する。 質問係：相手側の立論を予想し，相手側の立論を論破できるような質問を作成する。また，それに対する相手の反論を予想し，その反論への意見までを作成する。 質問対策係：相手側からの質問を予想し，その反論を作成する。	5
三次		学習課題：ディベート形式のグループ討議をしよう	
	1	1試合目　試合後には教師が講評を行う。	6
	2	2試合目　試合後には教師が講評を行う。	7
	3	3試合目　試合後には教師が講評を行う。	8

5 本時の流れ（第二次1時）

❶導入（10分） 本時の目標を提示し見通しをもたせ，グループで作業をする。

T 今日は，立論の骨子をつくります。骨子とは要点のことです。論題に対する自分たちの意見の要点を5つまで決めていきます。
（グループに1枚模造紙と班員一人当たり10枚程度の付箋を配る）

T 付箋に論題と自分たちの立場としての意見を書き，模造紙に貼りましょう。
1枚書けたらすぐ模造紙に貼るようにしてください。
意見は分類せず出せるだけ出しましょう。

つまずき克服のポイント

　自分の意見をもちにくい生徒に対する工夫として，論題の工夫があげられる。生徒にとって身近なものほど取り組みが活発になりやすい。本実践では『学校の昼食はお弁当か，給食か』という論題を取り上げている。
　また，意見を述べて話し合う前段階としてKJ法を取り入れて見やすく分布させると同時に心の準備をさせるクッションの役割を期待する。

（意見が出にくい生徒に対しての働きかけの例）
T （生徒が弁当側として）あなたの思うお弁当のいいところはなんですか？
S 入っているもののほとんどが自分の好きなものだというところです。
T なぜそこがいいところだと思いますか？
S 好きなものが多いと残さず食べやすいと思います。
T 給食だとどう思いますか？
S 嫌いな食べ物もでるから残しやすくなると思います。お弁当も給食も全部食べないといけないとは思いますが……。

❷展開（35分） グループで意見を交流し，立論文の骨子をまとめる。

T 骨子をグループの話し合いで決定していきます。話し合いの司会は（今回は）班長とします。話し合いでの注意点を踏まえて意見を発表，または聞いてください。
【話し合いでの注意点】
①グループのみんなに聞こえる声で話す。
②相手の目を見て話す（聞く）。
③共感したら頷く。
④意見の要点と理由をメモにとる。

⑤意見の要点を述べ，それが良いと思う理由を述べる。

Ｔ　要点が似ている意見があれば，付箋をまとめていきましょう。

Ｓ　（司会用原稿にそって）

「今から（賛成・反対）側（Ａ・Ｂ・Ｃ）班の話し合い活動を始めます」

　→机の上をメモ用紙２枚，付箋を貼った模造紙，付箋紙，筆記用具だけになっているか確認する。

　→全員が司会の方を向いて話を聞いているか確認する。

（自分の付箋を指定し，自分の意見から述べる）

「わたしの意見から述べます。メモをとりながら聞いてください」

　→話が終わったら

　　「なにか質問はありますか」

　　　→ある場合「○○さん，どうぞ」

　　　→ない場合「次の意見に移ります」

（別の付箋を指定する）

「○○さん，意見をお願いします。他の人はメモをとりながら聞いてください」

　→話が終わったら「ありがとうございました。○○さんに質問はありますか」

　　　→ある場合「△△さん，どうぞ」

　　　→ない場合「次の意見に移ります」

（別の付箋を指定して）

「□□さん意見をお願いします」

※班全員が終わるまで繰り返す。

Ｔ　班員の意見を聞いて追加で意見を述べたい人は付箋に書き，意見発表をしましょう。

Ｔ　意見が出そろったら，骨子を決定しましょう。

つまずき克服のポイント

　自らの意見に理由があるかどうかを机間指導でチェックする。理由がおぼつかない場合は「なぜそうなのか？」「どう考えたからなのか？」を生徒から引き出すことで自らの意見への自信につなげる。

❸まとめ（5分）　意見発表の注意点を達成できたかを確認する。
- T　骨子をまとめられたら，意見発表の注意点を達成できたかどうかを確認しましょう。（Sの発言は達成できたかどうかを確認した後の発言）
「①グループのみんなに聞こえる声で話す」についてはどうでしたか？
- S　小さな声だと聞き取りにくいので伝わりにくいと感じました。
- T　「②相手の目を見て話す（聞く）」についてはどうでしたか？
- S　目を見て話すのはかなり恥ずかしかったけど，聞く側からすると目が合うだけで伝えようと思っているのを感じました。
- T　「③共感したら頷く」についてはどうでしたか？
- S　頷いてくれるだけで，伝わってる！と思ったのですごくうれしかったです。そのあと聞く側に回ったときには意識して頷こうと思いました。
- T　「④意見の要点と理由をメモにとる」と「⑤意見の要点を述べ，それが良いと思う理由を述べる」についてはどうでしたか？
- S　聞きながらメモをとるのは難しかったです。でも聞くだけだと忘れてしまいそうなことでも，メモに残っていると思い出しやすかったです。

つまずき克服のポイント

この授業での付箋やメモは単元終了まで残しておき，グループの考えの補助にする。話すこと・聞くことの欠点は記録が残りにくいためである。

6 ワークシート

司会者文例

①これより第（　　）回ディベート討論会を始めます。テーマは「　　　　　　　　」です。
　最初に（　　　）側の立論を始めて下さい。時間は（　5　）分です。どうぞ。
②ありがとうございました。時間は（　）分（　）秒でした。
　では，（　　　）側の立論を始めて下さい。時間は同じく（　5　）分です。どうぞ。
③ありがとうございました。時間は（　）分（　）秒でした。
　これから（　2　）分間の作戦タイムに入ります。（　　　）側，（　　　）側それぞれ作戦会議を開始し
　て下さい。判定者のみなさんは，その間に判定表の立論の欄を書き入れて下さい。
　　　　　《鈴を鳴らす…作戦…鈴を鳴らす》
④作戦会議をやめて下さい。では（　　　）側からの質問に移ります。
　この後はすべて挙手による指名制としますのでよろしくお願いします。
　時間は（　5　）分です。どうぞ。
　　　　　《鈴を鳴らす…質問と応答…鈴を鳴らす》
⑤質問をやめて下さい。では（　　　）側からの質問に移ります。
　時間は同じく（　5　）分です。どうぞ
　　　　　《鈴を鳴らす…質問と応答…鈴を鳴らす》
⑥質問をやめて下さい。ではこれから（　10　）分間のフリー討論に入ります。
　それでは挙手をどうぞ。
　　　　　《鈴を鳴らす…討論…鈴を鳴らす》
⑦時間になりましたのでこれでフリー討論を終わります。
　ここで（　2　）分間の作戦タイムに入ります。（　　　）側，（　　　）側
　それぞれ作戦会議を開始して下さい。
　判定者のみなさんは，その間に判定表の立論の欄を書き入れて下さい。
　　　　　《鈴を鳴らす…作戦…鈴を鳴らす》
⑧作戦会議をやめて下さい。ただいまから最終弁論に入ります。
　（　　　）側，（　　　）側の順で行います。時間は（　2　）分です。
　それでは（　　　）側どうぞ。
　　　　　《鈴を鳴らす…作戦…鈴を鳴らす》
　ありがとうございました。時間は（　）分（　）秒でした。
　それでは続いて（　　　）側の最終弁論をお願いします。時間は同じく（　2　）分です。どうぞ。
　ありがとうございました。時間は（　）分（　）秒でした。
⑨以上で（　　　　　　　）というテーマについてのディベートを終わります。
　みなさんお疲れ様でした。
　判定者は（　3　）分間で判定表の残りの欄に記入し，勝敗を決定して下さい。
⑩それでは判定に移ります。（　　　）側の方が説得力があったと判定された方，挙手をお願いします。
　（　　　）側の方が説得力があったと判定された方，挙手をお願いします。（　　）対（　　）で
　（　　　）側の勝ちです。最後に（　　　）先生の講評を頂きます。（　　　）先生お願いします。

ポイント
ディベートマッチ前に
司会者にあたっている
生徒に事前指導する。

5分
5分
2分
5分
5分
10分
2分
2分
2分
3分
｝ 41分

その他の時間が5分と
すると46分でぎりぎり
となる。

（城間　俊人）

2 書くこと 学校新聞の記事を書こう（東京書籍）

板書を活用して，書くための情報を整理する

1 生徒のつまずきの実態とつまずきを踏まえた言語活動の特徴

つまずきの実態	日常生活や社会生活から課題や書くことを決めることができない
言語活動の特徴	板書を活用し，書くための情報を整理する活動

　中学生に国語の中で苦手なものを聞くと，「書くこと」がよくあがる。「書くこと」で解答する問題は無回答率が高くなる傾向にある。中でも，テーマを与えられて自分の考えを書くという活動では，困難を感じる生徒が多い。「作文を書くときに困ること」を聞くと，半数以上の生徒が，課題に対してまず何を書いたらいいのかわからない，という。「書くこと」に苦手意識をもっており，テーマについて様々な角度から考え自分の意見を書くことに課題があるといえる。

　そこで，作文に取り組む前に，まずテーマについて整理する活動を行った。テーマについて様々な角度から考えられるのだと気づくことで，進んで作文に取り組むことができるようになる。また，具体的にどんなことを書こうと思うか他の生徒の意見を知ることで，自分の考えを広げ，新たな視点で物事を考えられるようになる。

　作文に取り組みやすくする活動を行うことで，書くことへの苦手意識の改善につなげたい。

2 単元目標

①比較や分類，関連付けなどの情報の整理の仕方について理解を深め，それらを使う。

（知識及び技能　(2)イ）

②目的や意図に応じて，日常生活の中から題材を決め，伝えたいことを明確にする。

（思考力，判断力，表現力等　「Ｂ書くこと」ア）

③日常生活における人との関わりの中で伝え合う力を高め，自分の考えを確かなものにすることができるようにする。

（学びに向かう力，人間性等）

3 評価規準

①構成要素を整理し，具体的な項目からテーマを考えることができている。

②テーマにそって，事実とそれをもとに考えたことを書くことができている。

③意欲的に構成要素の整理をし，テーマや紹介文を考えて書こうとしている。

4 単元計画（全4時間）

次	時	学習活動	総時間数
一次		学習課題：構成要素を整理し，記事の題材を考えよう	
	1 （本時）	樹形図を用いて，大きなテーマの構成要素を整理する。 樹形図のいちばん下位の項目から，記事の題材を考え，交流する。 選んだテーマについて，事実と考えに分けてメモを作る。	1
二次		学習課題：学校新聞の記事を書こう	
	1	メモをもとに，学校新聞の記事の下書きを書く。	2
	2	下書きをグループで読み合い，添削する。 添削されたものをもとに，自分で推敲し清書する。	3
	3	クラスで互いの作品を交流する。	4

5 本時の流れ（第一次1時）

●導入（5分）　本時の目標を提示し見通しをもたせる。

T　今日は，小学6年生に向けて，中学校を紹介する新聞の記事を書きます。

S　中学校の紹介って何を書くんですか？

S　部活とかじゃない？

S　中学校全部のことを書くんですか？

T　なるべく具体的な紹介のほうが，6年生にわかりやすいでしょう。

S　具体的といっても，何を書いたらいいのかわかりません。

T　いきなり大きなテーマで作文を書くのは難しいですね。では今日は，大きなテーマを構成するものを整理して，記事の題材を考えてみましょう。

つまずき克服のポイント

文章を書く前段階の活動から行うことで，苦手意識をもつ生徒も取り組むことができるようにする。

❷展開（35分）　テーマの構成要素を整理し，具体的な題材を考える。

T　まず，中学校の何を紹介するかを考えたいと思います。一言で学校と言っても，いろいろな要素がありますね。

S　それがいつもわからないから困る…。

T　では，みんなで中学校を構成するものを整理してみましょう。今回は，「学校」を，「生活」，「人」，「環境」という面に分けて考えます。

（黒板に樹形図を書く。p.27ワークシート1参照）

T　中学校の「生活」ですが，皆さんの学校生活を考えてみてください。どんなものがありますか。

S　授業があります。

S　部活動。

T　それだけですか？

S　行事も学校生活に入ると思います。

S　委員会活動もあります。

T　では，学校にはどんな「人」がいるでしょう。

S　先生と，生徒です。

S　生徒が集まっているから，委員会も「人」に入れるといいと思います。

T　では，委員会を「人」の下に動かしましょう。

S　委員会があるなら，生徒会も必要だと思います。

T　最後に「環境」ですが…。

S　この学校の周りは自然が豊かです。

S　学校の建物や教室は「環境」に入りますか？

S　周りのことだから，入れるといいと思う。

T　それでは，中学校を構成しているものを，整理しました。このような図を樹形図と言います。この図から，記事の題材について考えましょう。なるべく具体的な記事を書くためには，図のどこを参考にすればいいでしょう？

S　いちばん下だと思います。

つまずき克服のポイント

　樹形図を使えば，大きなテーマも項目に分け具体化できることが，視覚的にもわかりやすくなる。また，テーマについて，様々な視点から見て文章を書くことができるのだという気づきにつながる。

T　では，樹形図の一番下の項目から，どんな学校紹介の記事が書けるか考えてみましょう。なるべく具体的に考えてください。３つ以上，一文でノートに書きます。書けた人から見せに来てください。

T　（ノートを点検する。その中でなるべく多様な意見を取り上げ，黒板に書かせる）

T　（机間指導をし，考えることが難しい生徒には，黒板に書かれたものを参考にしてもよいことを伝える）

つまずき克服のポイント

　生徒が考えたものの中から，なるべく多様な意見を取り上げ，黒板に書かせる。意見を交流することで，多様なものの見方に気づかせることができる。また，書く内容を考えにくい生徒も，出た意見を参考にして考えることができる。
　交流することで，生徒の考えが広がる。対話的な学びにつながる活動である。

T　では書いた人，発表してください。

S　「授業」について，「英語と数学はクラスを半分に分けて授業を行う」ことです。

S　「授業」で，「授業ごとに先生が変わることについて」も紹介できると思います。

S　中学校の「行事」である早朝ボランティアについて，「早朝ボランティアはなぜ必要なのか」を紹介したいと思います。

S　「行事」の「文化発表会のクラス対抗の合唱」についてです。

S　私が考えたのは，「施設」について，「小学校と中学校で異なる教室がある」ということです。

S　「自然」の項目で，中学校のマスコットキャラクターの「カスミサンショウウオのカスミン」とは何かについてです。

T　他にも考えられそうですね。黒板を見て，ここにまだあがっていない，紹介文の題材はありませんか。

S　「行事」なら，体育大会で，「クラスで団結して戦う体育大会」ということを書けると思います。

S　先生が違うだけでなく，小学校とは違う「授業」の内容についても書けます。

第２章　第１学年　国語嫌いな生徒が変わる授業＆評価プラン　25

T　学校という大きなテーマについて，これだけたくさんの題材が見つかりました。樹形図を使って整理することで，いろいろな見方が見つかりましたね。

T　それでは，学校紹介の記事を書く準備をしましょう。

まず，事柄を１つ選びます。自分で考えたものの中から選んでもよいし，前の黒板の意見を参考にしても構いません。選んだら，伝えたい事実と，それについての自分の考えをメモしましょう。

つまずき克服のポイント

紹介文を書く前に，伝えたい事実と，それについての自分の考えをメモさせる。書きたい内容を整理してから文章化することで，書くことの苦手な生徒であっても取り組みやすくなる。

❸まとめ（10分）　活動を振り返る。

T　今日は皆で紹介文の題材を考える活動をしました。書く材料を考えるときに，あなたはどんな工夫をしましたか。振り返りを書きましょう。

（振り返りを紹介する）

S　書く材料を考えるときに，入学してくる前にどんな疑問があったかを考えました。

S　６年生に伝わりやすいように一生懸命考えました。

S　６年生が知らなさそうな情報と，自分が６年生だったときに，知りたいと思ったことを題材にしました。

S　一人で考えるよりも，いろいろな案が出てきてよかったと思います。

S　自分で考えたときは，あまり思いつかなかったけれど，友達の考えたものを見たら「なるほど」と思いました。

T　次の時間は，今日作ったメモをもとに，学校紹介文を書きましょう。

6 ワークシート

❶ワークシート1

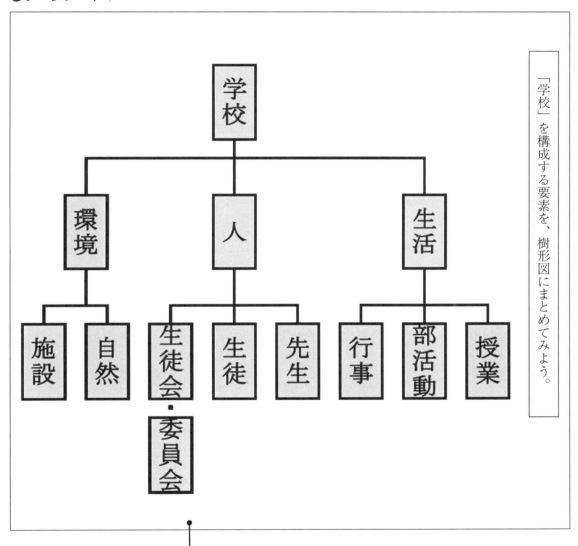

「学校」を構成する要素を,樹形図を使って整理する。
まず,「生活」「人」「環境」に分け,さらに下位の項目を考える。

❷ワークシート２

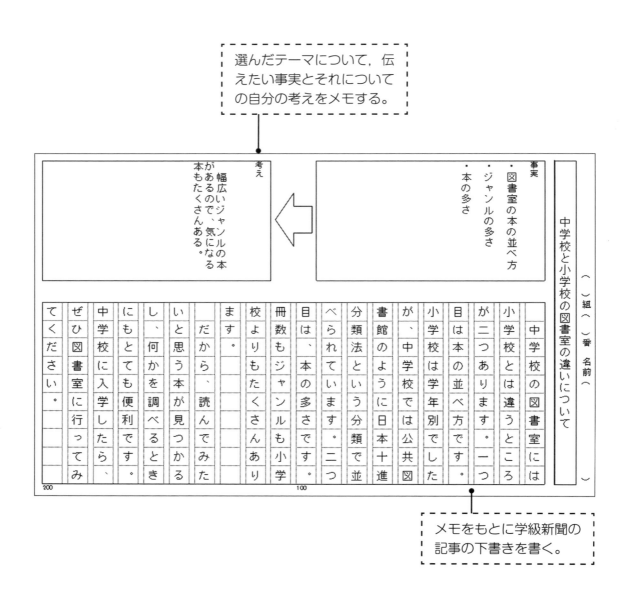

7 評価のポイント

❶Aの評価例

> 具体的な項目から紹介文を書くことができており、伝えたい事実と考えを区別して書いている。

題名「中学校の図書室について」

中学校の図書室の、小学校との違いは、新聞や理科に関する雑誌、教科の調べものの資料になりそうな本がたくさんあることです。

新聞を詳しく知ることができます。教科の知りたいことについて、きっと答えが見つかります。夏休みの自由研究にも、楽しく取り組むことができると思います。

❷Bの評価例

> 具体的な項目から紹介文を書くことができているが、事実に感想を加えるのみである。

題名「中学校にはない教室」

中学校には、小学校にはない教室があります。技術という教科では、木工室で、のこぎりやくぎを使った授業をします。図画工作は美術になるので、美術室で授業を受けます。

中学生になると新しい教科も増え、教室も多くなります。移動は大変ですが、いろいろな教室で授業を受けられるので、楽しいです。

❸Cの評価例

> 具体的でない項目から書いており、事実の羅列になっている。

題名「中学校の部活について」

中学校には、部活動があります。運動部と文化部があります。

運動場で活動しているのが、野球部と、サッカー部と、陸上部です。体育館では、バレー部とバスケット部が練習しています。卓球部は格技場です。運動部は以上です。

文化部は、茶華道部と箏曲部で、それぞれ調理準備室と音楽室で活動しています。

> 最初はこのような例示が多く見られる。

（井上　優子）

3 書くこと　蓬莱の玉の枝─「竹取物語」から（光村図書）

考えの根拠となる資料の活用を促す
（接続語を用いた三段構成で書かせる）

1 生徒のつまずきの実態とつまずきを踏まえた言語活動の特徴

> つまずきの実態　根拠や理由を明らかにして，筋道の通った文章を書くことができない
>
> 言語活動の特徴　主張を支える説得力のある根拠を探し，筋道立てて書く活動

　「書くことが苦手」と主張する生徒の多くが，その理由を「何を書けばよいのかわからないから」「何からどのように書けばよいのかわからないから」だと答える。前者は「何について書くのか，理解があいまいであること」，あるいは「テーマに対する考えがもてていないこと」が要因であると考えられる。いっぽう後者は，「何から書き始めればよいのか，どのように書き進めればよいのか」という展開・構成面でのつまずきが要因だと考えられる。「書けない」という点では同じだが，つまずきポイントが異なるため，当然教師の支援も異なってくる。

　「書くこと」の指導においては，まず，「つまずきポイントとその要因，対策」を明確にしたうえで，継続的・系統的な指導を行うことが求められる。以下に，「書くこと領域」に見られる一般的なつまずきポイントを紹介する。

A　語彙力，思考力・判断力・読解力等に関するつまずき
　ア　表現活動そのものに対する苦手意識が強く，書くことができない（意欲がもてない）。
　イ　表現活動をするために必要な語彙や文章力が十分に備わっていない。
　ウ　何を書けばよいのか，指示されている内容が理解できない。
　エ　筆者（作者）の意見と自分の意見とに，共通点や相違点を見いだすことができない。
　オ　抽象的な概念の言葉について，自分の考えをもつことができない。（後掲テーマ例①）

B　文章の展開・構成，表現法等に関するつまずき
　ア　書きたいことはあるが，何から書き始め，どのように書き進めればよいのかわからない。
　イ　条件のない文章なら書けるが（テーマ例②），字数や構成など複数の条件のある文章は書くことができない。（テーマ例③・④）
　ウ　考えと理由が入り交じった文章を書けるが，接続語等を用いて筋道立てては書けない。
　エ　頭に浮かんだことを自由に書くことはできるが，段落構成を意識して説得力のある文章

を書くことができない。（テーマ例④）

【テーマ例】

①「自由」というテーマで，200字程度の文章を書きなさい。

②文章を読んで，気づいたことや感じたことを書きなさい。

③〇〇〇という筆者の意見に対する考えを，根拠や理由を明らかにして書きなさい。

④〇〇〇についてのあなたの考えを，180字～200字以内で書きなさい。ただし，文章は２段
落構成とし，初めの段落にはあなたの意見を，２つ目の段落には実際に体験したことを書
くこと。

本実践は，上掲つまずきポイントの「Ｂイ・ウ」の改善をめざして行った実践の一例である。

2 単元目標

①古典文学・物語のおもしろさにふれ，古典に対する興味・関心をもつ。

（知識及び技能 (3)ア・イ）

②テーマに対する考えをもち，根拠や理由を明らかにして，説得力のある文章にまとめる。

（思考力，判断力，表現力等 「Ｂ書くこと」イ・ウ）

③我が国の言語文化に関わり，国語を尊重する態度を養うとともに，自分の考えを積極的に伝
えようとする態度を養う。 （学びに向かう力，人間性等）

3 評価規準

①古文特有の言い回しやリズムを意識しながら音読し，言語感覚を豊かにしている。

②自分の主張を支える根拠を資料等から複数探している。

「接続語」を効果的に用いて，筋道の通った３段落の文章を書いている。

③共通点や相違点を明らかにしながら意見を交流し合っている。

4 単元計画（全５時間）

次	時	学習活動	総時間数
一次		学習課題：古文を読み，独特のリズムに慣れ親しもう	
	1	「竹取物語」の原文を音読し，古典特有のリズムに親しむ。また，現代語訳を読み，物語の内容を理解する。	1

第２章　第１学年　国語嫌いな生徒が変わる授業＆評価プラン　31

		学習課題：「竹取物語」の魅力について考え，文章にまとめよう	
二次	1	「くらもちの皇子の架空の冒険談」を読み，ストーリーの面白さや登場人物の魅力に迫る。歴史的仮名遣いや表現の特徴に注意し，場面の様子や登場人物の心情について考える。	2
	2	かぐや姫と翁たちとの別れの場面，「ふじの山」の部分を読み，場面の様子や登場人物の心情について考える。	3
	3 （本時）	「竹取物語」の魅力について考え，教科書や資料集，ワークから根拠となる事柄・内容を探す。	4
		テーマに沿って，条件のある作文を書く。	
		学習課題：書いた作文を交流し，考えを深めよう	
三次	1	作文を班で交流し，自分の考えとの共通点や相違点を話し合う。 友達の主張を聞いて新たに気づいたことや深まった考えについて整理し，発表する。	5

5 本時の流れ（第二次3時）

●導入（10分）　本時の目標を提示し，テーマについて自分の考えをもたせるとともに，関連資料から根拠となる内容を探させる。

T　今日は，「竹取物語」の魅力に迫る，というテーマで学習を進めます。

T　「竹取物語」は何時代に，誰によって作られましたか。

S　平安時代の初めごろに作られたとされています。作者は不明です。

T　今から1300年以上も前に書かれた，作者もよくわからない「竹取物語」が，多くの人々によって語り継がれ，今なお多くの人に愛されているのはなぜでしょう，どのような魅力が「竹取物語」にあるからでしょうか。

S　ストーリーがおもしろいから。

S　不思議な出来事が多く描かれていて，現実離れしているから。

S　人物の設定や人物の描き方が現代に通じるから。

　※何点か意見が出されたところで，いったん発表を打ち切る。

T　では，あなたが考える「竹取物語」の魅力を，1つに絞ってワークシートに書き出しましょう。（ワークシート1に記入させる。このとき，魅力を複数書かせると，根拠となる事柄を探すのに時間がかかる。また，整理して書くのが難しくなるので注意したい）

T　続いて，そのように考える根拠となる事柄や出来事を，教科書やワーク，資料集からでき

るだけ多く探し出しましょう。たとえば、「ストーリーのおもしろさ」が「竹取物語」の魅力だと考えた人は、ストーリーのどのような点がおもしろいのか、具体例を探してワークシートに書き込みましょう。また、「現実離れしている点」をあげた人は、どのような内容・出来事が現実離れしているのか、できるだけ多く例を書き出してみましょう。

※ここからは、グループ（班）活動とし、必要に応じて意見交換しながら学習させる。

※根拠となる出来事や文、言動などを教科書だけでなく関連資料（図書室の本、インターネット、絵本、資料集等）からも探させる。事前に家庭学習として取り組ませておくと、授業中の活動がスムーズになる。また調べ学習を行い、結果を交流させることにより、多様な視点から教材を検討することができ、生徒の主体性や関心も引き出せる。

❷展開（30分） 書き出した根拠を検討・整理させる。→作文の条件を提示し、文章を書かせる。→推敲・清書をさせる。

T　では書き出した根拠を整理・検討してみましょう。まずは自分が書き出した内容が、初めに書いた主張を説明するのにふさわしい根拠になっているかどうか、検討してみましょう。

T　続いて、複数あげた根拠のうち、最も説得力があるのはどれか、次はどれかを検討してみましょう。（ワークシートに印か数字を記入させるとよい）

T　根拠を提示する際は、説得力のあるもの２つ程度に絞り、順序立てて具体的に説明すると、読み手に伝わりやすくなります。

班で根拠となる内容を探す

つまずき克服のポイント

複数あげた根拠をどの順で用いるとよいかを検討させることで、論理的な文章の展開や段落相互の接続（関係）を意識するようになる。順序立てて説明する際には「まず」「次に」の接続語の他「１つ目は」「２つ目は」などの順を示す語句を用いることを助言する。

T　では、今から実際に200字程度の作文を書いていきますが、条件が２つあります。その条件に合うように文章の流れや構成を考えてみましょう。

※条件を２つ提示する。条件については板書するか、ワークシートに記入しておくとよい。

①初め（自分の考え・主張）、中（主張の理由や主張を支える根拠）、終わり（主張のまとめ）の３段落構成で書く。
②「接続語」を用いて、筋道立てて書く。

このほか，字数に関する条件を加えることもできるが，本実践の目標は，「論理の展開を意識してわかりやすい文章を書くこと（接続語・構成）」，「主張に合った根拠を提示し，文章に説得力をもたせること」であるので，字数については200字程度と緩やかにした。

　　※続いて作文用紙を配付する。必要ならワークシート2のような下書き用紙を準備し，書く内容を箇条書きでメモするよう指示する。いきなり書き出せる生徒もいるが，多くは書いている途中で思考が途切れたり，こんがらがってしまったりするので，支援が必要である。

T　書けた人は，「推敲の観点」に沿って，書いた文章を読み直してみましょう。
　　【推敲の観点】※この観点については，文章を書くときは常に意識させたい。
　　①語句の係り受け／②文末表現の統一／③指示された条件への適合

S　原稿用紙は全部書ききらないといけませんか。

T　1行くらいなら余っても構いません。また，1行程度ならはみ出して書いても構いません。文章が途中になったり，言葉足らずになったりしないよう最後まで書きましょう。

つまずき克服のポイント

　わかりやすい文章，説得力のある文章を書くためには，日ごろから書いた文章を自分で推敲するよう習慣づける必要がある。推敲の観点は，上掲したものほかに，以下の点が考えられる。与えるテーマや作文の形式や生徒のつまずきの実態に応じて設定したい。
　・誤字や脱字はないか。言い回しや表現は適当か。（表記・表現に関するもの）
　・改行の位置や一文の長さは適当か。（展開・構成に関するもの）
　・説明が不十分でわかりにくいところはないか。（論理の展開に関するもの）
　・主張に合った根拠や理由づけができているか。（論理の展開に関するもの）

❸まとめ（10分）　書いた文章を小集団（班）で読み合い，評価し合う。

T　最後に，書いた文章を班で交流し合い，共通点や相違点について話し合ってみましょう。

T　今日の評価のポイントは，①自分の主張に合った説得力のある根拠を提示できているか，②接続語を用い，筋道立てたわかりやすい文章が書けているか，の2点です。

　　※評価・交流の方法を幾つか紹介する。（いずれもペアまたは班での交流を想定）
　　①自分が書いた文章を声に出して読む。聞いている人が評価のコメントを自分のワークシートに書く。最後に班で感想・評価をまとめる。
　　②友達の書いた文章を読み，良かった点や工夫されている点を付箋に書き込み，友達の作文に貼る。誤字や脱字は直接赤ペンで訂正する。（付箋による評価・交流）
　　③友達の書いた文章を読み，感想や評価を色ペンで直接書き込む。良かった表現には波線（〜〜〜線）を引く。最後に班で感想・評価をまとめる。

　　※自他の作文を比較し共通点や相違点を考えることは，次の書く活動への意欲につながる。

6 ワークシート

❶ワークシート1

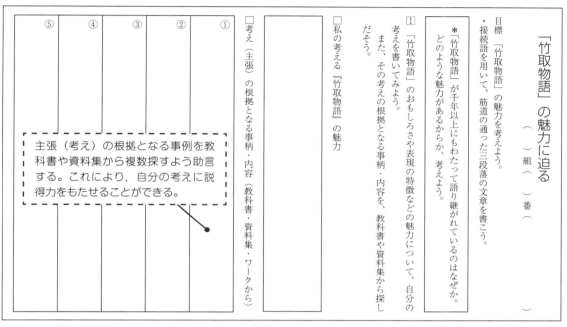

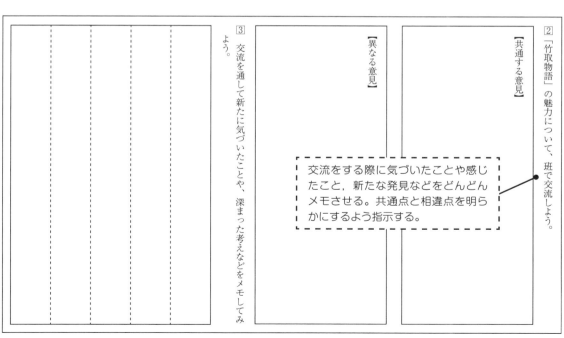

❷ワークシート２

一年国語〜「竹取物語」の魅力に迫る②　（　）組（　）番（　　　　）

【目標】・「竹取物語」の魅力を考えよう。・接続語を用いて筋道の通った三段落構成の文章を書く。

【条件】・三段落構成（考え、根拠、まとめ）で書く。・接続語を正しく使う。

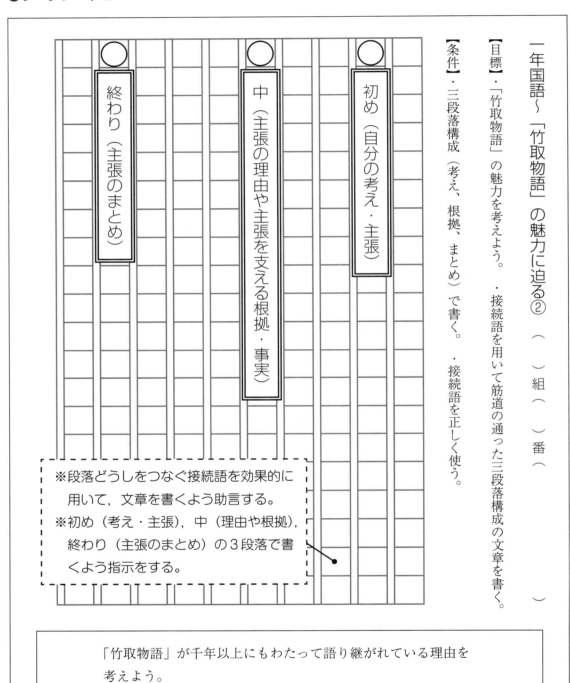

初め（自分の考え・主張）
中（主張の理由や主張を支える根拠・事実）
終わり（主張のまとめ）

※段落どうしをつなぐ接続語を効果的に用いて，文章を書くよう助言する。
※初め（考え・主張），中（理由や根拠），終わり（主張のまとめ）の３段落で書くよう指示をする。

「竹取物語」が千年以上にもわたって語り継がれている理由を考えよう。

7 評価のポイント

❶Aの評価例

①「3段落構成で書く」、②「接続語を用いて、筋道立てて書く」という2つの条件を満たしている。
加えて、主張に合った根拠を示し、わかりやすく書いている。

「竹取物語」が千年もの間語り継がれてきた理由は、空想と現実がほどよく合わさった物語だからだと思います。

例えば、現実的な点でいうと、かぐや姫に言い寄る5人の貴公子は実在する人物をモデルにしていて、その人たちの言動も人間らしく描かれています。

また、非現実的なところは、竹の中に三寸ほどの子供がいたり、月から天人が迎えに来たりするところです。

このような理由から、これから先も「竹取物語」は語り継がれていくと思います。

❷Bの評価例

①の条件または②の条件のいずれかは満たしているが、もう一方が十分でない。または、接続語の用い方が適切でないため一部わかりにくい文章になっている。

この世の出来事とは思えない、不思議な出来事が次々起こるのが「竹取物語」の魅力だと思います。

まず、竹の中からかぐや姫が生まれるなんて変です。三か月で大人になるとか、月の世界に帰っていくとか、ありえません。

それに、帝の兵が弓矢で攻撃しようとしてもたちうちできないところが不思議でした。

このほかにも「竹取物語」には不思議な出来事が多く描かれているので、多くの人に愛されているのだと思います。

❸Cの評価例

①の条件も②の条件も満たしていない。または、3段落構成になっていない。または、根拠と主張がかみ合っていないなど。

私は、くらもちの皇子や帝など多くの男性からのプロポーズを言葉巧みにかわすかぐや姫の態度や、別れを悲しんで毎晩のように泣いているかぐや姫の行動が印象に残りました。

また、子供がいない翁とおばあさんが、かぐや姫を本当の子供のように育てているのが感動的でした。千年以上も前に書かれた物語なのに、今読んでも楽しめるのがすごいです。

これらの理由から、「竹取物語」は長い間語り継がれているのだと思います。

（西山佳代子）

4 読むこと（文学的な文章） 少年の日の思い出（東京書籍）

叙述に着目する言語活動を位置づける

1 生徒のつまずきの実態とつまずきを踏まえた言語活動の特徴

つまずきの実態 登場人物の行動描写から心情を的確に捉えることができない
言語活動の特徴 音読や考えをノートに書くことなどを通して叙述に着目する活動

　生徒たちの多くは「物語」や「お話」は好きだが，それらが「読み取り教材」となると，別問題となる。じっくりと文章に向き合う習慣がなかったり，語彙力が低かったりすることが原因からか，第1学年では，「登場人物の行動描写から心情を的確に捉えることができない」という点につまずきの見られる生徒がいる。例えば，「少年の日の思い出」の場合，授業の最初に全文を範読し，その直後に「全文を読んでみて，気になった一文を抜き出し，その理由を書きなさい」と指示をする。すると，多くの生徒が，最後の一文の「…指で粉々に押しつぶしてしまった」の部分を抜き出す。その理由に，「何もかも終わったと感じたから，潰したのだろうか，もっと詳しく知りたい」などと，初発の段階から深く内容をつかみとっていると思われる感想も見られはするが，これらは一部の生徒の感想にしかすぎない。「大事にしていたチョウをなぜ粉々にしたのかわかりませんでした」と，最後の一文の示す意味を全くつかむことができていないものや，「エーミールに冷たい目で見られ，どうしようもなくて，潰したのだろうか」「とても珍しいチョウなのに，押し潰したことが気になりました」と，表面的な部分しか読み取ることのできていないものなど，初発の段階から読み取りに大きな差が見られる。

　そこで，「音読」「書く」「交流」を授業の基本に据えるシンプルな授業展開を進めることでつまずきの見られる生徒たちも進んで学習に取り組ませる。音読を繰り返し，着目すべき点を意識化した上で，主人公「僕」の行動描写について読み取らせていくことで，自分の考えをもちやすくなり，各自が読み取ったことをノートに書きやすくなる。各自がノートに書いた考えをペアや学級全体で交流し合うことで，さらに深く読み取ることができるようになる。

2 単元目標

①心情を表す言葉などについて，文脈に注意しながら理解し，語感を磨く。

（知識及び技能　(1)ウ）

②場面の展開を捉え，人物や情景を描いた表現に着目して，作品を読み深める。

作品の構成の工夫について，自分の考えを整理する。

（思考力，判断力，表現力等　「C読むこと」エ）

③他者の意見や考えの聞き取りメモを行いながら，さらに自分の考えを深めようとする態度を養う。
（学びに向かう力，人間性等）

3 評価規準

①心情を表す言葉などについて，文脈に注意しながら意味を理解している。

②それぞれの場面での人物や情景の描写に着目し，主人公の思いを捉えている。

小説の伏線になっている表現を見つけ，構成の工夫について気づいたことをあげている。

③進んで音読活動に参加し，自分の考えをノートに書いたり，友達の考えの聞き取りメモに意欲的に取り組もうとしている。

4 単元計画（全5時間）

次	時	学習活動	総時間数
一次		学習課題：全文を音読し，初発の感想を交流しよう	
	1	全文を通読して，感じたことや考えたことなどを交流し合う。	1
二次		学習課題：行動描写をもとに登場人物の心情を捉えよう	
	1	「私」と客（友人）との対話内容を捉える。	2
	2	チョウやエーミールに対する「僕」の気持ちを捉える。	3
		「僕」の起こした事件と，そのときの心情を捉える。	
	3（本時）	最後の場面で「僕」がチョウを押し潰した行動について考える。	4
三次		学習課題：作品の構成について考え，読み取りを整理しよう	
	1	作品の中から伏線になっている表現を探し，作品の構成を考える。	5
		作品から読み取ったことを文章化し，整理する。	

第2章　第1学年　国語嫌いな生徒が変わる授業＆評価プラン　39

5 本時の流れ（第二次3時）

❶導入（10分） 本時の目標を提示し見通しをもたせ，全員で音読をする。

T　前回の学習内容を振り返りましょう。ノートに書いた自分の意見や友達の意見を見直してみましょう。学習計画表に振り返りの記入はできていますか。
　（学習計画表やノートに記録した学習内容を読み返すことで，前時の学習を思い出す）

T　「クジャクヤママユが潰れた」ところから「母に打ち明けた」ところまでを全員で音読しましょう。多少速いくらいのペースで，なおかつ声を揃えて読んでいきましょう。

S　（全員で音読する）

T　今日はいよいよ最後の場面について考えていきます。この時間は，最後の場面で「僕」がチョウを押し潰した行動について考えます。

S　（本時の学習目標を確認し，ノートに書く）

つまずき克服のポイント

　様々な形態の音読をリズムよく取り入れ，何度も繰り返すことが重要なポイントの1つ。音読にかける時間は，1授業の中で，10〜15分程度を基本とする。その方法として，範読，ペアでの音読，個人での音読，指名による音読，生徒全員での一斉音読，発問につながる読み深めたい部分の繰り返し音読などがあげられる。これらの様々なパターンの音読をリズムよく，テンポよく繰り返すことが大切となる。間髪入れずに，指示を出していくことで，集中力がぐんと高まっていく。

❷展開（30分） 作品の構成について考え，読み取りを整理する。

発問1　「その瞬間，僕はすんでのところであいつの喉笛に飛びかかるところだった」ときの「僕」が考えたことは，どんなことだろう。

T　「僕がエーミールのところへ謝罪に行く」場面から最後までを音読しましょう。まずは，ペアで最後まで読みましょう。

S　（ペア音読）

T　では，全員で声を揃えて読んでいきましょう。よいリズムで読みますよ。

S　（一斉音読）

T　全員で「ただ僕を眺めて，軽蔑していた」までをもう一度読みましょう。

S　（注目したい部分の繰り返し音読）

T　さらに，「その瞬間」から「軽蔑していた」までの一段落をもう一度読んでおきましょう。

S　（発問につながる読み深めたいポイントをつかむための音読）

T 念のために今の部分をもう一度読みましょう。

S （着目点が明確になるような音読）

T いい声でした。しっかり声に出して読むということは脳が活性化しますからね。さあ，この時間に考えたいことの１つ目は，…。ノートの用意はいいですか。絶えずすばやい動きです。すばやく書き取っていきますよ。
（発問１を板書する）
「その瞬間，僕はすんでのところであいつの喉笛に飛びかかるところだった」ときの「僕」が考えたことは，どんなことだろうか。

S （ノートに発問を書き写す）

T （すばやい動きを大切にさせ，作業を手際よく進めるように促す）

T 書けましたか。それでは，自分なりに読み取ったことや考えたことをノートに５行で書きましょう。

S （ノートに自分の考えを書く）

つまずき克服のポイント

　休みなく音読を繰り返したところで，すかさず，その時間，もっとも深めたいことについての発問を投げかけるというようなリズムが授業では大切である。そして，自分の考えをノートに書かせる。これらの流れが授業によいリズムを生み，つまずきの見られる生徒たちを授業に引き込みやすくなる。

T たっぷり書くことができましたね。それでは，隣の人と交流をしましょう。それでは，廊下側の人，発表してください。隣の人は，いつものように赤ペンで自分になかった友達の意見の聞き取りメモをしましょう。誰の意見か記録することも忘れずにね。

S1 お願いします。私はやっとの思いで謝りに言ったのに，それはないだろうと思ったと思いました。やっぱり，エーミールは嫌なやつだと思い，一瞬かっとなった気持ちを必死でこらえたと思います。

S2 お願いします。僕は冷淡な態度で，軽蔑しながら見られたことで自分のしたことの罪の大きさのすべてを忘れた瞬間だったと思います。僕が大切にしてきた収集を全部やると言ったことに対して，「けっこうだよ。」「君がチョウをどんなに取り扱っているか…」などと言われ，自分のすべてを否定されたような気になったと思います。…

S （ペアでの交流とメモをそれぞれに行う）

T それでは，全体での交流の時間にしましょう。自分になかった意見を記録する準備はいいですか。発表する人は，聞き取りやすい声を出すことです。では，最初は…S3さん。（順次指名していく。指名には座席表のメモを使い，内容の類似したもの，相対するもの，浅

第２章　第１学年　国語嫌いな生徒が変わる授業＆評価プラン　41

い読み取り，深い読み取りなど思考が深まるように指名することを心がける）

発問2 「チョウを一つ一つ取り出し，指で粉々に押し潰してしまった」のは，なぜだろう。

T　いよいよ最後の段落です。準備のできたペアから声をそろえて音読しましょう。

S　（ペアで音読する）

T　全体で…。「そのとき初めて…」の一文だけも一度読んでみましょう…。では，段落全文を
　もう一度…。最後の一文，「そしてチョウを一つ一つ…」最後の一文をもう一度…。

S　（休む間もなく指示された音読を繰り返す）

T　これだけ読んだら十分だよね。準備はいいかな？　本日，もっとも深く考えたいことです。
　ノートに書きますよ。
　（発問2を板書する）
　「チョウを一つ一つ取り出し，指で粉々に押し潰してしまった」のは，なぜだろう。
　※発問1と同様に，ノートに自分の考えを書かせ，ペアで交流させる。

T　それでは，全体での交流の時間にしましょう。その前に，再度最後の段落を全員で音読し
　ておくことにしましょう。はい，読みましょう。

S　（最後の段落を音読する）

T　（座席表に記録したメモをもとに意図的な指名発表を進める）
　※参照《座席表を用いた「学びを深めるキーワードの記録」（p.43）の例》

つまずき克服のポイント

　自分の考えは書かせることが大切である。自分の考えをノートに書かせることで，深く
文章を読み取ることができるようになる。また，「書く分量を示す」という，少しの工夫
が大きな効果を生み，生徒たちは頭をフル回転させて，考えをノートに書くようになる。
その結果，授業への意欲が高まっていく。

❸まとめ（10分）　再度音読をし，本時の学習を振り返る。

T　「僕が自分のチョウを潰すきっかけになった場面」から最後まで音読し，学習したことや
　自分の考えたことを振り返りましょう。では，ペアで読みましょう。

S　（音読する）

T　「学習計画表」に「今日の学び」を記録し，次の時間の学習内容を確認しておきましょう。
　※発問に対する考えを書かせたものを見る際に，計画表もチェックし，生徒の学びに向かう
　　態度を確認することは，授業展開を考えるのに役立つ。

発問2について考える《生徒のノートより》

①自分のしたことは，償いのできないことだったから，大好きなチョウを粉々にしたと思う。

②自分がエーミールのチョウを自分の手で潰してしまったことはすごく悪いことだったのに気づき，反省し，せめて自分の集めたチョウを潰したら，エーミールにしたことの少しでも償いができると思ったから。

③「…せめてこの自分のチョウをつぶすことで，許してもらえるなら許してもらいたい」と思って，闇の中（自分の心も）で一つ一つ潰していった。

④…悲しいし，怒りがあったから，粉々に何回も押し潰したんだと思う。箱を闇の中で開いたのは，最初の場面と同じで，見られたくないと思ったんだと思う。

⑤…謝るだけでは許してもらえないことをしてしまったと，僕は思った。エーミールに償うこともできないなら，チョウを持っている資格もないと思ったから潰した。

⑥…自分のチョウを見ていると，エーミールの言葉とチョウ，自分が犯した罪を思い出してしまうのが，苦しいし，後悔しているから，その悔しさがあるから潰してしまったのだと思います。

⑦…クジャクヤママユの価値を補うように，集めたチョウを潰して償おうとした。

⑧…自分の指で自分の欲望のせいで収集家としての思い出が，一つ一つすべて消えていってしまったから。僕は闇の中で自分の思い出をけがしてしまった。

⑨僕はもうチョウを持っている権利がないと思い，チョウを壊されたエーミールの気持ちを僕も知ろうと，僕のチョウを指で一つ一つ壊したと思う。これが，エーミールに対しての僕の償いだ。

⑩「…エーミールは大切なチョウを潰されて，悲しい気持ちなんだ。だから，僕も同じ気持ちを味わわないといけないんだ」と思って，一つ一つチョウを押し潰したと思う。

⑪…自分自身で大切なチョウを潰したから，自分で自分を苦しめている。

↓

☆生徒がノートに書いている間，机間指導を行い，読み取りを座席表に記入し，理解度をつかむ。

③ せめて 許して 闇の中 自分の心	⑥ 自分の罪 悔しさ	⑨ 権利 × エーミールへの償い	
② 少しでも 償い	⑤ 持つ資格 ×	⑧ 収集家 × 闇の中 思いけがす	⑪ 大切なチョウ潰す 自分で自分を苦しめる
① 償い できず	④ 怒り 何回も押す 闇の中 最初の場面	⑦ クジャクヤママユ 価値 補うため	⑩ エーミールと同じ気持ち 味わう

《座席表を用いた「学びを深めるキーワードの記録」の例》

6 資料

❶授業ノート

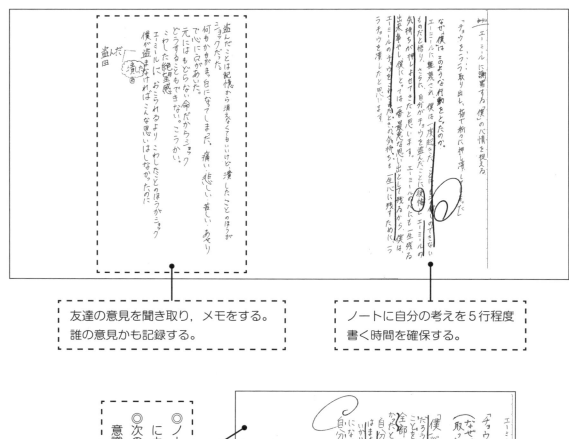

友達の意見を聞き取り，メモをする。誰の意見かも記録する。

ノートに自分の考えを5行程度書く時間を確保する。

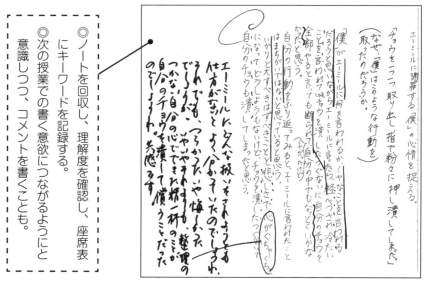

◎ノートを回収し、理解度を確認し、座席表にキーワードを記録する。
◎次の授業での書く意欲につながるように意識しつつ、コメントを書くことも。

❷授業ノート2

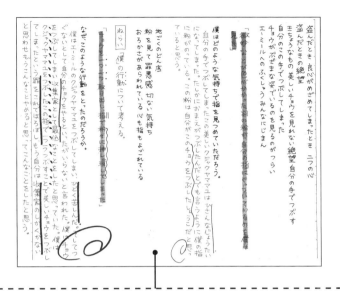

じっくりとノートに書く時間をとり，友達と交流することで，「たしかにおまえがつぶしたんだとでも言うように」「つぶしたしょうこ」→「つぶしたこの指で一つ一つつぶすことで…」と，人物の行動描写から心情を読み取ることができた。

❸学習計画表

〈国語の窓1〉「少年の日の思い出」（二学期期末テスト範囲）

【学習目標】
・場面の展開を捉え、人物や情景を描いた表現に着目して、作品を読み深める。
・作品の構成の工夫について、自分の考えを持つ。

学習計画表

時間	学習日	学習のねらい（学習の内容）	今日の学び
1		○学習の流れを知る。○全文を読んで、感じたことや考えたこと、気になった一文などについて、感想をノートに書き、意見交流する。	
2		○「私」と客（友人）との対話内容をとらえる。	
3		○チョウやエーミールに対する「僕」の気持ちをとらえる。○「僕」の起こした事件と、そのときの心情をとらえる。	
4		○最後の場面で「僕」がチョウを押し潰した行動について考える。	
5		○作品の中から伏線になっている表現を探し、この小説の表現の工夫について考える。	

第1時間目の授業の導入時に，生徒自身に書き込ませ見通しをもたせる。

授業の終わりに，わかったことやさらに深めたいことなどの気づきを記録させる。

（西田　美和）

5 読むこと（説明的な文章） ペンギンの防寒具（三省堂）

段落の並べ替え活動でつかんだ構成を生かして作文活動に生かす

1 生徒のつまずきの実態とつまずきを踏まえた言語活動の特徴

つまずきの実態 文章の構成や段落相互の関係を考えて読めていないために本文の要旨を的確につかむことができない

言語活動の特徴 段落の並べかえで説明文の構成をつかませる活動

　説明文は順序立てて一貫した内容が論じられているものであるが，中学1年生での読みはまだまだ不安定な部分が多い。要旨がわからず具体例を中心に読んでしまったり，結論だけを読んでわかったつもりになったりする。これは，段落相互の関係がつかめないまま読み進めていることによるつまずきであると考えられる。段落それぞれの役割を知り，相互を関連づけて読んでいくことにより本文の要旨は的確につかめるはずである。

　本実践では，段落単位で文章の構成や段落相互の関係を考える言語活動を行った。本文の文章を8つに分け，それをグループで受け持ち文章を再構成する活動，再構成した文章の根拠を仲間と互いに考え各段落（意味段落）の役割を知る活動，学習後に，学んだ構成を生かして作文する活動などである。このようにどの言語活動も，文章の構成や段落相互の関係を自ら学んでいける活動になるようにした。これらの言語活動により，生徒は文章の構成や段落相互の関係を知り，本文の要旨をつかむことを実感することとなる。

2 単元目標

①原因と結果，意見と根拠など情報と情報との関係に気をつけて読む。

（知識及び技能　(2)ア）

②文章の中心的な部分と付加的な部分，事実と意見との関係などについて叙述をもとに捉え，要旨を把握する。　　　　　　　　　　（思考力，判断力，表現力等　「C読むこと」ア）

③言葉がもつ価値に気づくとともに，思いや考えを伝え合おうとする態度を養う。

（学びに向かう力，人間性等）

3 評価規準

①文章の構成を整えた作文を書くことができる。

②文章を再構成する際に，根拠をもって取り組むことができる。

③グループの話し合いやペアワークの中で自分の考えを率先して伝え，自分の意見と比較しながら仲間の話を聞くことができる。

4 単元計画（全5時間）

次	時	学習活動	総時間数
一次	1 (本時)	**学習課題：段落順序を予測しよう**	
		文章を8つに分けたものをグループで受け持ち，根拠をもとに話し合いながら文章を再構成する。（p.51ワークシート1を使用） 各グループの予測と根拠を共有し，各段落の役割を知る手がかりとする。 元の文章を知り，筆者の根拠を考え，自分たちの根拠と比較検討する。 （p.52ワークシート2を使用）	1
二次		**学習課題：学習した説明文の形式を使って「私の宝物」について作文を書こう**	
	1	キーワードを使って構成表を完成する。	2
	2	構成表をもとに下書きを行う。	3
	3	下書きを推敲し，丁寧に清書する。	4
	4	クラスで互いの作品を交流する。	5

5 本時の流れ（第一次1時）

❶導入（10分）　本時の目標を提示し見通しをもたせ，グループで予測する姿勢を作る。

T　文章がどのような構成で作られているのか考えてみようと思います。

　　（文章を8つに分けたものをそれぞれのグループに配付）

T　今配った8つの段落を1つの文章に完成させてみましょう。1人1枚〜2枚を受け持ち，グループの友達と話し合いながら完成させます。まずは自分で予測を立てること。大切な言葉だなと思えば線を引いてもかまいません。

S1　順序を表す言葉を手がかりにするとわかりやすいよね。

S2　同じ言葉があるか探してみよう。

T　文章を完成させる中で気がついたことはノートにまとめておこう

　　（並べながら気づいたことをノートに記入していく）

つまずき克服のポイント

　ここでは文章を８つに分けたものをそれぞれのグループに配付することにより，ゲーム感覚で文章を再構成できるようにした。こうすることで全員が意欲をもって活動に参加することができる。そして，互いに話し合いながら文章を再構成していくうちに，重要な語句（順序を表す数詞やまとめを表す副詞）やキーワードに注目していくこととなるため，自然と論理的な読みに近づく。

❷展開（30分）　自分たちが推測した根拠をグループで交流し，仮説を立てる。

（p.51ワークシート１を使用）

T　完成した文章を見て，なぜそのように組み立てたのか，根拠を考え，グループで発表できるようにしましょう。時間は10分です。ワークシート１を使います。

S　「一つめ」とか「二つめ」っていうのが大きな根拠になっているんじゃない？

S　Gの「マイナス六〇度にもなる厳しい寒さ」がHの「この厳しい寒さ」の「この」の部分にあたるんじゃない？　そう考えると，GはHの前だね。

T　グループで立てた根拠を１つでも発表してみましょう。

S　「一つめ」「二つめ」「三つめ」となるのでA→C→Bの順序だと思います。

T　なるほど，順番を表す言葉に目をつけましたね。これに対して何か意見のあるグループはありますか。

S　おおまかな流れはそれでいいと思うけど，その通り読むとそれぞれの段落で話が終わっている感じがする。Aの「一つめ」と書いてある段落は「羽根」のことが書かれていて，その説明がFで書かれているからAの次はFになるはずです。

S　それなら，「二つめ」と書かれてあるCも同じことが言えると思います。Cは「脂肪層」のことが書かれてあり，Dがその「脂肪層」を説明しています。そう考えるとCの次はDです。

S　「三つめ」はその段落で説明も書かれているから，Bだけで成り立ちます。

T　なるほど，この文章は１つの具体例とその説明がセットになっているのですね。段落と段落の関係が見えてきましたね。そこで説明がセットになっていないと，「それぞれの段落で話が終わっている感じがする」と言ったのですね。キーワードにも注目し，根拠を考えられました。それが筆者の論理を推論するということです。今回の授業では正解を求めることが大切なのではなく，文章の特徴を出し合う中で筆者の考え方に触れ，より説得力の

ある根拠を予測することが大切なことでした。

つまずき克服のポイント

　生徒の発表の鋭い点を取り上げて，教師が意見をまとめていくことにより，クラスの予測が整理されていき，生徒の読みが深まる。また，順序を表す数詞（「一つめは」）やまとめを表す副詞（「このように」）を手がかりにしていけば，筆者の論理を推論できることが理解できるようになる。

❸まとめ（10分）　筆者の例示の配列を確認し，筆者の意図を読み取る。
（p.52ワークシート2を使用）

T　では元の文章を確認してみましょう。「G→H→A→F→C→D→B→E」と構成されていました。ずいぶんみんなの予測と近いものが多かったですね。キーワードに注目して同じ言葉を近くに並べ，その言葉から筆者の論理に迫ることができました。元の文章を見てわかったことや気がついたことがありますか。ワークシート2を使ってグループでまとめて発表してみましょう。

S　2つの段落を使って説明しているものが多い。

S　前の段落のキーワードを上手に使っている。

S　「このように」の後に「脂肪層」「皮膚」「空気層」「羽根」「羽根に塗られた脂」となって「脂肪層」→「羽根」となっているのに，文章の途中では「羽根」→「脂肪層」となっていて，順序通りに並んでいないのでなぜかしっくりいかないなぁ。

S　「このように」の後に書かれているのはペンギンの身体の内側から外側の順序になっている。途中は身体の外側から内側に向けて書かれてある。これは何かあるのかもしれないなぁ。

T　そうですね。その順序の配列も筆者の考え方に深く関わっているところです。いいところに気がついてくれました。どんな考えがあったのだろうと深く考えた人がいたなら，2年生への学びのきっかけになるので，ノートの振り返りに書いておいてください。ここまででわかったことは，それぞれの段落は互いに深く関係し合っているということでした。小学生のときに習った文章の構成を覚えていますか？　はじめ・なかというものです。

S　ああ，覚えている。はじめ・なか・おわりというのね。小学校で習った。

T　それは，この文章の中でも意識されています。このように説明文は順序立てて1つの物事を説明していきます。「はじめ」を中学生では「序論」といいます。ここは，「今からこのようなことについて説明します」ということや，「このことを一緒に考えていきましょう」という問題を読者に提起していく部分になっています。次に，「なか」ですが，これは「本論」といいます。筆者の伝えたいことの根拠や理由が書かれてある部分です。筆者は

第2章　第1学年　国語嫌いな生徒が変わる授業＆評価プラン　49

自分の伝えたいことに説得力をもたせたいので具体的な例をここで提示します。最後は「おわり」ですが，これは「結論」といいます。筆者の主張がここにきます。筆者の意見はここにはっきりと表現されます。

どうですか？　自分たちが予測してきたことと，元の文章は近い部分もあったでしょう。今日は直感的に文の構成をつかんだ人が多かったはずですので，その構成の名前もきちんと覚えておいてください。最後に，それぞれの段落をこの文章の構成ごとに分けるとなるとどのように分かれますか。

S　序論がＧＨです。問題を投げかけているからです。

S　本論はＡＦＣＤＢです。具体例が出てくるからです。

S　結論はＥです。筆者の主張が述べられているからです。

T　そうですね。文章はこのように構成されています。ただ筆者が伝えたいことを思いつくままに書いているのではありません。構成を組み立てて書かれています。構成を意識したり，今日やったように段落に出てくるキーワードをつないだりして考えてみると，筆者が伝えたい（要旨）ことをつかむことができるようになります。

では，本日の振り返りをノートに書きましょう。（本論の配列について書いているものや，相互の関係について書いているものはプリントにまとめて後日配付）

つまずき克服のポイント

筆者の文章を比較・検討し，段落相互に関係し合っていることを自分たちで発見させることで，より主体的な学びをすることができる。また，グループでの学びは，学習者自身の気づきや考えを大きく揺さぶることになるため，視野の広がりや考えの深まりを促すことになる。さらに，直感で理解した文章の構成用語（下記参照）を教師が説明してやることで，理解の明確化につながる。

序論（はじめ）…問題提起・主張していく目的

本論（なか）　…主張に対する根拠や理由（具体的な事例やデータも含む）

結論（おわり）…筆者の主張

6 ワークシート

❶ワークシート１

順序を表す数詞やまとめを表す副詞に注目することができるようになる。

キーワードを見つけグループで分けることができるようになる。

本文の表現に根拠を求めることで，段落相互の関係や段落の役割を知ることができる。

国語学習ワークシート①

（　　）組（　　）番　氏名（　　　　）

●あなたならどの順番に並べる？　グループで意見をまとめよう。（下はその段落の特徴や根拠を本文から見つけ出してみよう。）

G	H	A	F	C	D	B	E
・「マイナス六〇度にもなる厳しい寒さ」がHの「この厳しい寒さ」の「この」の部分にあたる。	・「この厳しい寒さ」の「この」は前に何かある証拠。 ・「でしょうか。」はみんなにたずねる文で、それを今から説明する。	・「一つめは」とあるから。 ・「羽根」について述べてある。	・「まだしっかり羽根の生えていない」とあるから「羽根」について述べてあるAの後。 ・「ヒナの場合などではどうなるのかと疑問」とあるので、その疑問について答えているCの前。	・「その疑問を解決するのが」とあるのでFの前。 ・「二つめ」と書いてある。 ・「体重の約四〇パーセントを占める脂肪層」ときていて、Dの「この」の部分にあたる。	・「この脂肪層」とあるから「この」を説明しているCの後。	・「三つめは」とあるから。	・「このように」とまとめの言葉があるから最後。

第２章　第１学年　国語嫌いな生徒が変わる授業＆評価プラン　51

❷ワークシート２

段落相互の関係でわかることや，段落の特徴を記述させることで，筆者の論理に迫ることができる。

国語学習ワークシート②　　（　）組（　）番　氏名（　　　）

●筆者の順序を見てわかったこと。気づいたこと。

・二つの段落を使って説明しているのが多い。

・最初に問題を投げかけて、真ん中でそれを具体的に説明していて、最後にまとめが来ている。

・前の段落のキーワードを上手に使っている。

・最後の「このように」の後に、「脂肪層」「皮膚」「空気層」「羽根」「羽根に塗られた脂」の順序と書いてある順序が違うので、合わせたらいいと思った。

・「このように」の後の順序は、ペンギンの防寒具の順序になっているので、作者は、題名を意識してこの順番で最後をまとめたのかもしれない。

●この文章を序論・本論・結論の三つに分けるとしたら？　分けて、わかったこと。

序論（GH）
　＊問題提起・今から何について説明するかを言っている

本論（AFCDB）
　＊説明したいことの具体例

結論（E）
　＊最後のまとめ

7 評価のポイント

❶Aの評価例

序論で提示したことを結論できちんと主張できている。また、本論の例示ごとに2段落構成になっている。（本文と同じ形式）そして、結論の根拠が本論に書かれている。

題名　「キミに残す手紙」

序論　『キミに残す手紙』という本

本論1　悩んだ心の癒し
　・悩んだ心→友達・母との関係

本論2　担任の先生からの紹介
　・担任の先生→優しい、頼りになる

本論3　持ち運びがしやすい大きさ
　・持ち運びしやすい→短く、絵本みたい（だからコンパクト）

結論　この本のおかげで今まで笑ってこられた。たくさんの思いを残して。

> このような事例が多く見られた。

❷Bの評価例

本論を詳しく（学んだ形式で）することで、僕だけの思い出が詰まっていることに説得力が増す。序論と結論をつなげる言葉も欲しい。

題名　「愛しい枕」

序論　僕にとって枕は宝物

本論1　小さな頃から一緒

本論2　悩みがあるときは抱きながら寝る

結論　僕だけの思い出が詰まっているから

❸Cの評価例

本論1だけが結論の根拠になっており、主張に説得力がなく、文章の構成を理解していない。

題名　「アルバムの不思議」

序論　なぜアルバムは特別なのか

本論1　好きなおばあちゃんに買ってもらった

本論2　レインボーカラーで美しい

本論3　小学校の思い出が詰まっている

結論　おばあちゃんが買ってくれたことが特別だから

（前川　裕美）

6 我が国の言語文化に関する事項　芸術作品の鑑賞文を書く（教育出版）

類義語探しで，
表現したいことを吟味させる

1 生徒のつまずきの実態とつまずきを踏まえた言語活動の特徴

> **つまずきの実態** 語彙が乏しいため，自分の考えを相手にわかりやすく表現することが
> できない
> **言語活動の特徴** 類義語辞典，国語辞典，PC 等を使って語彙を増やす活動

　昨今「すごい」や「やばい」であらゆることを表現しようとする子どもが増えている。そういう中で，正しく他者に伝えるためには，どのような言葉があるかを考え（思考力），複数の資料を使って調べ，相手に伝わるより豊かな言葉を選択し（判断力），適切な言葉を用いて表現する力（表現力）を高めていく学習は大切である。

　本単元では，芸術作品から受けた印象を，根拠を明確にして適切な表現を使って鑑賞文にまとめる方法を学ぶ。特に，説得力のある文章を書くためには，言葉の表現を工夫しながら読み手に伝わりやすく書くことが大切であることに気づかせていきたい。そこで国語辞典や類義語辞典などを使い，様々な表現があることを理解し使うことを進めていく。また，同じ作品を選んだ者どうしで交流することによって，正しく「伝える」ためには，どのような表現が適切であるかを吟味する力を育てることを目標にしている。

2 単元目標

①芸術作品について，鑑賞したことを文章にまとめることができる。　（知識及び技能　(1)ウ）
②作品のよさを伝えるために複数の資料から内容を吟味し，適切な表現を見つけることができ
　る。　　　　　　　　　　　　　　　　　（思考力，判断力，表現力等　「B書くこと」ウ，エ）
③同じ作品を選んだ者どうしで意見を交流し，表現方法の違いに気づくことができる。

　　　　　　　　　　　　　　　　　　　　　　　　　　　　　　（学びに向かう力，人間性等）

3 評価規準

①鑑賞の観点となる語句に注意して，活動の中に生かしている。
②複数の資料を使って他の表現（類義語）を探し，語感や語彙を豊かにしている。
③興味をもち課題に取り組んでいる。また班活動において，より適切な表現を見つけるために意見交換している。

4 単元計画（全3時間）

次	時	学習活動	総時間数
一次	1	学習課題：選んだ芸術作品の魅力を様々な角度から表現し，鑑賞文を書こう 単元全体の説明を聞く。（p.57ワークシート1右） 2枚の絵を鑑賞し，気に入った絵を1枚選ぶ。 絵の魅力を様々な角度から表現し，言葉にしていく。（マッピング） 　　　　　　　　　　　　　　　（p.57ワークシート1左） マッピングの意見を班で交流する。 マッピングで出てきた言葉を類別し，鑑賞文を200字で書く。 　　　　　　　　　（p.58ワークシート2右　推敲前）	1
二次	1	学習課題：NGワードを探し，資料を使って他の表現に置き換え，鑑賞文を書き直そう《図書館》 前時に書いた鑑賞文からNGワードを探し，チェックする。 　　　　　　（p.58ワークシート2右　推敲前　生徒作品参照） 類義語辞典やその他の資料を使い，類義語を調べる。 選んだ類義語に置き換えて，鑑賞文を書き直す。 　　　　　　（p.58ワークシート2左　推敲後　生徒作品参照）	2
三次	1	学習課題：同じ作品を選んだ者どうしで交流し，表現方法の違いを見つけよう 同じ作品を選んだ者どうしで4人班を作る。 班で鑑賞文を読み合い，自分の鑑賞文と比較しながら感想を書く。 単元全体の振り返りを行う。	3

本時の流れ（第二次1時）

❶**導入（5分）** 本時の目標を提示し見通しをもたせ，調べ学習に向かう体制を作る。

T 今日は，前回書いた各自の鑑賞文の推敲を行います。作品のよさを読み手に的確に伝えるためには，皆さんが文章の中でよく使う「…と思う」「いい」「とても」「きれい」では一般的で曖昧です。そこで辞書や様々な資料を使って，類義語を探してみましょう。

❷**展開（40分）** NGワードを他の表現（類義語）に置き換え，鑑賞文を書き直す。

T まずは，自分の鑑賞文からNGワードである「…と思う」「いい」「とても」「きれい」を見つけ，赤ペンを使って〇で囲みなさい。（生徒作品参照）

S （赤の〇印の多さを見て）こんなに使っているとは驚いた！ 調べるのがたいへんだ！

T 隣の人とも交換して，チェック漏れがないか確認するとよいでしょう。
（交換して確認する）

T それでは次に，確認ができた人から，類義語辞典やその他の資料を使って「違う表現（類義語）」を調べていきましょう。
（各自調べ学習に入る。館内は自由に移動してもよい）

 つまずき克服のポイント

辞書や資料の探し方がわからない生徒には個人的に関わり，課題解決にむけての方法を支援していく。

T では，各自が探した類義語を使い，鑑賞文を書き直します。ワークシートの左推敲後の原稿用紙に書きます。始めなさい。

S （書き直しをする）

 つまずき克服のポイント

机間指導をしながら，複数ある類義語の中でどの表現が最もふさわしいかを吟味させ，さらに文脈の中で適切に使われているかを助言していく。

❸**まとめ（5分）** 推敲前と推敲後の文章を比較し，「伝わり方」の変化に気づく。

T 推敲前と推敲後の文章を比較して，伝わり方がどのように変化したかを自己評価していきましょう。

S （数名に発表させる）

T 単元全体の振り返りを書きましょう。

【単元全体のポイント】

①「…と思う」「とても」「きれい」「いい」をNGワードとして，他の表現つまり類義語を調べる際に，辞書や類義語辞典やパソコンを使い，たくさんの類義語があることに気づかせる。その中から，自分が表現したいことを的確に表している言葉を考え選択させる。

②同じ視点から鑑賞文を書いた者どうしでグループを作り，推敲させる。そのための推敲のポイントは，「自分の考えを表現するために適切な言葉が用いられているか」という視点に沿うことを指示する。検討する言葉について，複数の案を出し合い，それぞれから伝わる印象を話し合わせることで言葉に対する意識を高める。

推敲後の方が，言葉が具体的になって，わかりやすい！

推敲後の方が，言葉の意味が深まって，絵の魅力がよく伝わるね！

6 ワークシート

❶ワークシート１

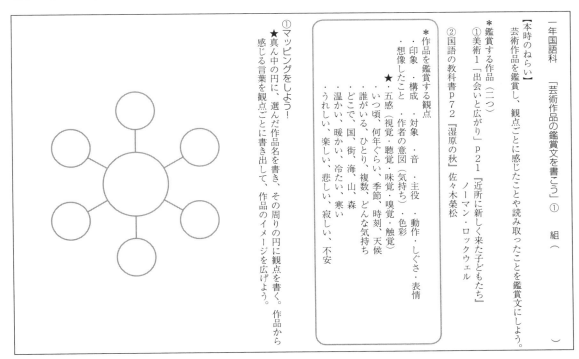

❷ワークシート２

一年国語科　「芸術作品の鑑賞文を書こう」②　　　　　組（　　　　　　　）

②鑑賞文を書こう！――

鑑賞文とは？
「自分が感じた芸術作品のよさについて、 具体的な根拠に基づき 伝える文章」
をいう。

★気をつけること
・詳しく鑑賞文を書けそうな観点を二つ程度にしぼって書こう。
・作品のどこに注目して、どのような印象をもったかを明らかにし、自分が感じたことや考えたこと、伝えたいことについての根拠を明らかにして書こう。
参考　教科書ｐ７１　　便覧ｐ３００〜３０１

推敲前

推敲後

❸生徒作品

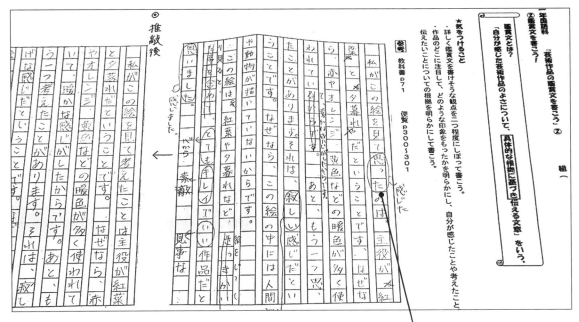

推敲前の作品（傍線部がNGワード）

NGワード

「…と思う」「とても」「きれい」「いい」をNGワードとし，類義語辞典などを使って他の表現を増やす。

（山端早百合）

第2学年　国語嫌いな生徒が変わる授業＆評価プラン

1 話すこと・聞くこと　扇の的―「平家物語」から（光村図書）

自分や相手の考えを明確にできるワークシートを工夫する

1 生徒のつまずきの実態とつまずきを踏まえた言語活動の特徴

> **つまずきの実態**　相手の意見を踏まえて自分の意見をもつことができない
> **言語活動の特徴**　項目を示したワークシートに発表する内容をまとめ，互いに交流する

　物事に対して一面しか見ない（見ようとしない）中学生は多い。その原因として考えられるのは，1つには多面的に物事を考える取り組みをしていないことである。2つには，その物事に対してもっている情報が少ないことである。取り組みを行い，該当する情報を様々に得ることで，上述した現象は解消される。

　多面的に物事を考える際に大切なことは他方の意見を否定せず，受け入れて考えることである。本実践では，物語の中で意見（読み）が二分される場面を捉え，相手の意見を踏まえて自分の意見を再考し深化させる学習を重視した。これによって，自分はどちらの側であるか，反対側の意見は自分の考えとどのように違うのかを知ることができると考えた。

2 単元目標

①情報と情報との関係の様々な表し方を理解し使う。　　　　　　　（知識及び技能　(2)イ）
②話し手の考えと比較しながら，自分の考えをまとめる。
　　　　　　　　　　　　　　　　（思考力，判断力，表現力等　「A話すこと・聞くこと」ウ）
③話し手の言葉の使い方や効果に気づき自分の表現に生かす。　（学びに向かう力，人間性等）

3 評価規準

①立場による違いを比較し，自分の考えに反映させている。
②ペアワークの中で自分の意見を率先して伝え，自分の意見と比較しながら仲間の話を聞くことができる。

4 単元計画（全4時間）

次	時	学習活動	総時間数
一次		学習課題：『扇の的』の内容をつかもう	
	1	『扇の的』の現代文から流れをまとめる。 原文の範読を聞く。 全体のあらすじを捉える。	1
二次		学習課題：登場人物の心情を考えよう	
	1	『扇の的』の原文を朗読する。	2
	2	登場人物の心情を捉える。	3
三次		学習課題：的を射た場面を読み，登場人物の心情を捉えよう	
	1 （本時）	p.65ワークシートを用い，登場人物の気持ちになりきりインタビューを受ける。	4

5 本時の流れ（第三次1時）

❶導入（10分）　本時の目標を確認し，学習の見通しをもつとともに，ペアでインタビューする体制を作る。

T　今日は，「五十ばかりなる男」を与一が射倒した際，「あ，射たり」と「情けなし」という正反対の声が上がった理由について考え，ワークシートに記入しインタビュー形式で発表します。インタビューは，丁寧な話し言葉を使って行いましょう。インタビュワー役と武士役を交互に行います。

　　まずは，個人でワークシートの問いに沿うようにインタビューを受けているように現代語の話し言葉で記入しましょう。

❷展開（30分）　ペアでインタビューを行い，意見交流を行う。

T　ペアをつくりインタビューを行いましょう。本文の状況から，あいさつの言葉は「おはよう」「こんにちは」「こんばんは」のうちのどれですか？

S　二月の酉の刻なので「こんばんは」です。

T　そうですね。なお，インタビューの状況は，戦の後，「あ，射たり」の武士と「情けなし」

第3章　第2学年　国語嫌いな生徒が変わる授業＆評価プラン　61

の武士に話を聞くという状況です。インタビュワーは取材する場所に武士を呼んだという設定でインタビューを行うようにしてください。
　インタビューを受ける側の人は武士の気持ちになり，インタビューを受けましょう。また，インタビューの最後は互いに「ありがとうございました」で終わるようにしてください。

<u>インタビュー用紙を用いて</u>
S1　戦後(いくさ)の武士の方をお呼びしました。こんばんは。
S2　こんばんは。
S1　与一が男を射倒した後「あ，射たり」とおっしゃっていましたが？
S2　そうですね。
　　波高く舟が揺れているところで舞を舞っている人まで射ることができるのは与一だけじゃないでしょうか。すごいテクニックです。見事ですね。
S1　ありがとうございます。最後に与一の活躍に一言お願いします。
S2　この調子で源氏の勝利に貢献してほしいですね。
S1　ありがとうございました。
S2　ありがとうございました。

S1　戦後(いくさ)の武士の方をお呼びしました。こんばんは。
S2　こんばんは。
S1　与一が男を射倒した後「情けなし」とおっしゃっていましたが？
S2　そうですね。
　　敵とはいえ，与一の腕に感動して舞を舞っていたはずです。そんな人まで射てしまうのは良くないと思うので。
S1　ありがとうございます。最後に与一の活躍に一言お願いします。
S2　義経からの命令で仕方なかったかもしれませんが，とても残念です。次はこんなことがないようにしてほしいですね。
S1　ありがとうございました。
S2　ありがとうございました。

つまずき克服のポイント

　片方しか意見の出ていないペアが出てくるので，両方の意見を教師側で机間指導しながら選んでおくと円滑に進む。

T　インタビューが終わったら,ペアで意見を発表してもらいます。ペンの色を変えて他の人の意見をメモに取りましょう。
　（生徒に意見発表させる。このとき,原稿を読ませず自分の言葉でインタビューを受けるようにさせる。また,似ている意見でも表現が違う場合などは書画カメラを使いワークシートを投影する）

つまずき克服のポイント

自分にはない物事の見方があると感じた部分に○印をつけさせておき,まとめに対する目印をつけさせておく。

❸**まとめ（10分）**　意見の深まりがあったかを確認する。

T　ワークシートの(3)（p.65）を記入しましょう。
T　また,みんなの意見を聞いて,新しく表現を付け加えたり書き直したりすることがあれば行ってください。2分,時間をとります。
　（ワークシートへの記入）
T　自分と反対の立場の意見を聞いて,考えが深まった意見はありましたか？
S　私は「情けなし」側の意見だったけど,華やかな感じのする的当てのシーンでも源氏側は戦争中という考えでいたから「あ,射たり」と言ったんだという意見があったけど,確かに生きるか死ぬかということが戦争というか,戦（いくさ）なんだっていう考え方でいたら,いきなり舞を舞われたら挑発かもって考える人がいてもおかしくないなって思ったし,考え方の違いで意見が異なるというところは少し納得がいった感じがしました。
T　なるほど確かに本文では色彩豊かに的当てが描かれていましたね。そこで読者もその世界観に引き込まれてしまいそうになりますね。しかし,確かにこれは屋島の合戦のさなかの物語です。生きるか死ぬかに集中していた人がいてもおかしくはなかったということですね。
S　そう思いました。人がいたら,たとえお話の中でもその人なりの考え方があるんだなと思いました。
S　私は「あ,射たり」側の意見だったけど,「情けなし」側の意見として出てきていた,与一の技術をほめるための舞を舞っていたという意見には納得がいきました。本文を読んだときにはその場の雰囲気にのまれて自分に酔っていたから舞っていたのかなと思いましたが,与一をほめるための方が良いと思うし,源氏も平家もなく人間としてって感じがしました。
T　人間として,というのは敵味方なく,純粋な気持ちでほめたたえるための舞だった,ということですか。

S そうです。そのことが与一に伝わっていたら，また物語が少し変わっていたかもなって思いました。あ，でも義経の命令だったから拒否とかできなかったのかな。
T 人の気持ちは難しいですね。当時の命令無視は大変なことになるかもしれませんね。ただ，与一に舞の意味が伝わっていたかどうかという一文が本文にあれば，「あ，射たり」と「情けなし」の部分は，どういう描かれ方になると思いますか。
S うーん，「あ，射たり」の人への納得が少なくなる……ような気がします。
T そうかもしれませんね。作者は感情部分をあえて書かないことでどちらも読めるような状況をつくったのではないでしょうか。
S いろんな人の意見を聞くのは参考になったし，反対側の意見は全然思い浮かばなかったけど，聞いてみるとなるほどなと思うこともあったし，やっぱり理解できないなと思う部分もありました。
S 同じ意見でも人によって考えているところとか感じているところが違うのがおもしろかった。私はどっちの立場の気持ちも考えることができたから逆の立場の人の意見が言いたいこともよくわかった。
T （この後，振り返りを何点か読み上げる）

6 ワークシート

問「射倒す」とあるが与一が男を射たことについて,
(1)「あ,射たり。」と言った人の気持ちを,現代語の話し言葉で書きなさい。
「そうですね。

　　　　　　　　　　　　　　　　　　　　　　　　　　　　　　　　　」

　与一に一言
「

　　　　　　　　　　　　　　　　　　　　　　　　　　　　　　　　　」

(2)「情けなし。」と言った人の気持ちを,現代語の話し言葉で書きなさい。
「そうですね。

　　　　　　　　　　　　　　　　　　　　　　　　　　　　　　　　　」

　与一に一言
「

　　　　　　　　　　　　　　　　　　　　　　　　　　　　　　　　　」

(3)自分は(1)(2)のどちらの立場に近いか。
（　　　）の立場に近い。なぜなら,

（城間　俊人）

2 書くこと 調べて考えたことを伝えよう（東京書籍）

資料の集め方，調べ方を学ばせ，観点を決めて書かせる

1 生徒のつまずきの実態とつまずきを踏まえた言語活動の特徴

つまずきの実態 複数の資料や条件を踏まえて書くことができない
言語活動の特徴 学校図書館を活用し，複数の資料を集める活動

　中学生に，何かを調べるときに最もよく利用する手段を尋ねると，インターネットをあげる生徒が最も多い。さらには，インターネットのみを利用し他に調べる手段を知らないという者も少なくない。単一の情報のみから自分の考えをもつことが多く，複数の資料を比較・検討して考えをまとめることは，経験自体が少なく不得手になっているといえるだろう。

　そこで学校図書館を活用し，書籍，新聞，インターネットなど，複数の資料を使い課題について調べる活動を行った。様々な手段で資料を集める体験をすることで，生徒は目的に合った資料の探し方を身に付けられる。また，調べた内容をレポートとしてまとめる際には2つの資料を使うことを指定することで，複数の資料を比較・検討して自分の考えをまとめる活動へとつなげる。

　今回の取り組みでは，オリンピックが開催された年であったこともあり資料が豊富であることや，生徒の興味関心を考えて，スポーツを課題に設定している。

2 単元目標

①情報と情報との関係の様々な表し方を理解し使う。　　　　　　　　　（知識及び技能　(2)イ）

②目的や意図に応じて，社会生活の中から題材を決め，多様な方法で集めた材料を整理し，伝えたいことを明確にする。　　　　　　　　　（思考力，判断力，表現力等　「Ｂ書くこと」ア）

③論理的に考える力を養い，社会生活における人との関わりの中で伝え合う力を高め，自分の考えを広げたり深めたりすることができるようにする。　　　　　（学びに向かう力，人間性等）

3 評価規準

①興味のあることをもとにテーマを設定し，様々な情報を集めて考えをまとめている。

②事実と自分の考えとを区別したり，調査結果をまとまりごとに分け，示す順序を考えたりしてレポートを書いている。

③グループで協力し，様々な種類の資料から，テーマに合った適切なものを選んでいる。

4 単元計画（全8時間）

次	時	学習活動	総時間数
一次		**学習課題：レポートのテーマを設定しよう**	
	1	グループで種目を選び，その中で自分のレポートのおおまかなテーマを考える。	1
二次		**学習課題：テーマに沿って複数の資料を探そう**	
	1〜3（本時①）	資料の探し方のポイントについて学ぶ。	2〜4
		学校図書館やパソコンルームを使い，グループで資料を集める。	
		資料の中から，自分のテーマに合うものを2つ選び，まとめる。	
	4（本時②）	まとめた内容から，考察を書く。	5
三次		**学習課題：レポートをまとめよう**	
	1	下書きをもとに，レポートを書く。	6
	2	推敲し，清書する。	7
	3	クラスで互いの作品を交流する。	8

第3章　第2学年　国語嫌いな生徒が変わる授業＆評価プラン　67

本時の流れ①（第二次1～3時抜粋）

●導入（10分）　本時の目標を提示し見通しをもたせ，資料の探し方を考える。

T　前の時間に，各グループで設定した種目について，自分のテーマを考えました。今日は，それぞれのテーマに合う資料を探します。
　まず，全体で資料の探し方の説明を聞きます。次に，グループで，学校図書館やパソコンルームを使い，資料を集めます。そして，個人で，資料の中から自分のテーマに合うものを2つ選び，まとめます。
　皆さんは，どんな資料を探そうと思っていますか。

S　まずは選んだ競技自体について調べたい。あまり知らない競技だし…。

S　競技の歴史を自分のテーマにしたけれど，どうやって調べたらいいかな。歴史が書いてある本があるかな。

S　競技の詳しいルールが書かれた本が見たい。

T　おおまかなことを知りたい場合は，百科事典で調べてみましょう。詳しい内容は，専門書を使うといいですね。本の目次，索引も活用しましょう。

S　百科事典はどこにありますか。

T　図書館の本は日本十進分類法という分類方法で配架されています。小学校でも学習していると思いますが，どんな並べ方か知っていますか？

S　内容で分かれています。

T　その分類はどこを見ればわかりますか。

S　背表紙の数字を見る。

T　そうですね。背表紙のラベルの三桁の数字を見ると，その本の分類がわかります。分類についての一覧と，それがどこの棚にあるかは，館内の案内図を見てください。百科事典は000，そして今回はスポーツなので，700の棚を中心に探しましょう。選手の伝記は200にあります。

　つまずき克服のポイント

おおまかな内容が調べられる百科事典から，より詳しい専門書に進むよう指導する。
　公共図書館でも多く利用されている日本十進分類法についても復習し，今後の調べ学習でも活用できるようにする。

●展開（30分）　グループで資料を探す。

S　今年のオリンピックで活躍した選手について調べたいけれど，本には載っていないなあ。

S 本が出版されるまでには時間がかかるから，ここにはないと思うよ。

S 新聞で調べてみたら？

S インターネットなら情報があるかもしれない。

T 目的の情報に適した手段で探すことが大切ですね。

S インターネットで，競技名で検索したら，ものすごくたくさんのページが見つかりました。どのページを見たらいいんでしょうか。

T 他のキーワードを使ってしぼりこみましょう。また，資料にするページは，個人のブログ等ではなく，公共機関や新聞社など，信頼できるサイトを見ましょう。

つまずき克服のポイント

活動を通して，様々な調べる手段があること，また，適した方法で情報を集めることの大切さを知らせる。信頼できる情報であるかどうかについても注意させる。

グループごとに同じ種目を調べるよう設定することで，協力して資料を探す活動になる。調べ学習が苦手な生徒も，ヒントを得ながら活動することができる。

---

❸まとめ（10分） 自分の設定したテーマに合った資料を選び，まとめる。

T 使いたい資料が２つ見つかったら，必要な情報をまとめましょう。

その際，資料の出典を必ず記録しておきましょう。書籍の場合は，書名，著者名，出版社，出版年を，インターネットのサイトは，サイトのタイトルと，URL を書いておきます。

つまずき克服のポイント

レポートにまとめるときに，資料の引用元を明らかにできるよう，書名や著者名，出版社等を必ず記録することを徹底させる。

数時間にまたがっての活動となるので，クラスと名前を記入した付箋を使い，資料に目印を付けることも有効である。

---

6 本時の流れ②（第二次4時）

❶導入（5分） 目標を知り，見通しを立てる。

T 前時までに２つの資料を選びまとめました。今日は，その２つの資料からわかること，考えられることを，考察として書きます。

S どんなことを書けばいいですか？

T 資料の共通する点や相違する点に注目してまとめるとよいですね。

❷展開（35分）　2つの資料からわかったことを，考察としてまとめる。
S　2人の選手について調べたんですけど，どうやってまとめればいいですか。
T　2人に共通している点はないですか？
S　子どものころから練習をしているところが同じです。
T　では，そこに注目してまとめてみましょう。

S　昔の陸上競技と今の陸上競技について書いたんですけど……。
T　昔と今で，何か変わったところはありませんか。
S　ルールやきまりが全然違います。
T　では，なぜ変化したかを考えてみましょう。

つまずき克服のポイント
考察を書くのが難しい生徒には，適宜アドバイスを与える。共通点や相違点を具体的に考えさせ，まとめる手がかりにさせる。

❸まとめ（10分）　活動を振り返る。
T　自分が選んでまとめた2つの資料の，どのような点に注目してまとめていますか。振り返りを書きましょう。
　（振り返りを紹介する）
S　クロールの意味と，速く泳ぐためのコツについて調べました。どのように改良されてきたかについて考察を書きます。
S　サッカーのルールと用具について調べたので，プレーヤーの安全という点についてまとめたいと思います。
S　競技に必要な力と，体を作る栄養素について調べました。競技に必要な技術と知識について書きます。
S　ある選手の経歴と，その選手の名前がついた技について調べました。なぜ技を生み出せたのかを考えてみたいです。

つまずき克服のポイント
どのような視点でまとめるのかを交流することで，新たな気づきを得ることができる。

7 ワークシート

●ワークシート1

体操の魅力

2年（　　）組（　　）番　名前（　　　　　　　　）

1．テーマ

　最近，オリンピックなどで体操競技での日本人の活躍を目にするが，私自身は，ほとんど知っていることがなかったので，技や点数のことについて知りたいと思った。

2．調査方法

　体操についてくわしく書かれている本で調べた。

　インターネットで，体操連盟のページを見て調べた。

3．調査結果

(1)　体操の演技の美しさとは

　体操は，演技の難しさやできばえ，美しさを競うスポーツだ。技に点数をつけるのだが，実は，満点が存在しない。それは，1976年のオリンピックでナディア・コマネチ選手が，10点満点を3回も出したことから，変わった。全員が技のレベルだけを高めようとし，演技の美しさを求めることを見失いつつあったからだ。現在では，難易度とできばえを分けて採点している。

1つめの資料についてわかったことをまとめる。

第3章　第2学年　国語嫌いな生徒が変わる授業＆評価プラン　71

❷ワークシート２

(2)　各競技の特徴

　　体操で「華」と言われるのが鉄棒・ゆかである。

鉄棒…様々なバーの握り方がある。（順手，逆手など）

　　　大きく空中にとびだす手放し技，ひねり技，回転する「車

　　輪」などがある。エンドー，コバチは選手の名前が技名に

　　なった。

ゆか…演技面から出たり，時間オーバーになると減点（男子70秒，

　　　女子90秒）。ダイナミックな宙返り技が見どころ。

４．考察

　　２つの結果より，体操は，選手の名前が技名になったり，選手

によってルールが変わるなど，名選手が生まれることで発展して

いくスポーツだとわかった。また，技の難易度だけでなく，手先

や足先までの美しさも見る人に感動を与えるスポーツだとわかっ

た。技が成功したから完成，ではなく，隅々まで美しく見せよう

とする気持ちがすごいと思う。これから，体操競技を見るときは，

技の難易度だけでなく，その美しさにも注目したい。

５．参考資料

『スポーツなんでも辞典　体操』株式会社○○出版　2008年

「体操競技の採点方法の概要」http://……

> ２つめの資料についてわかったことをまとめる。

> ２つの資料から考察を書く。

8 評価のポイント

❶ Aの評価例

> 考察として、2つの資料を比較・検討し、自分の考えを書くことができている。

題名 「体操の魅力」
資料1　体操の演技の美しさとは
資料2　各競技の特徴

考察
　2つの結果より、体操は、選手の名前が技名になったり、選手によってルールが変わるなど、名選手が生まれることで発展していくスポーツだとわかった。また、技の難易度だけでなく、手先や足先までの美しさも見る人に感動を与えるスポーツだとわかった。

❷ Bの評価例

> 考察として、2つの資料をまとめるだけになっている。

題名 「水泳の歴史」
資料1　水泳の始まり
資料2　泳法の歴史

考察
　水泳がスポーツとして広まっていったとき、まだ泳ぎ方は少なかった。その後いろいろな泳ぎ方が誕生し、体育的価値が評価された。そのため、水泳が一般化されて現在の水泳が誕生したと考えられている。

❸ Cの評価例

> 考察が、感想のみになっている。

題名 「卓球のルール」
資料1　有効と失点の違い
資料2　禁止事項について

考察
　卓球にはいろいろなルールがあることがわかった。とても難しい競技だと思う。体育で卓球をするときは気をつけたい。

　　最初はこのような例が多く見られる。

（井上　優子）

3　書くこと　扇の的─「平家物語」から（光村図書）

賛成・反対の両面から読み，考える場を設定する

1 生徒のつまずきの実態とつまずきを踏まえた言語活動の特徴

> **つまずきの実態**　理由と根拠が入り混じったわかりにくい文章を書いている
> 主張に合った根拠を引用したり，反対意見を想定したりして，説得力
> のある文章を書くことができない
> **言語活動の特徴**　賛成・反対の両面から読み，考えを深める活動

　「どの季節が一番好きか」の問いに，「冬が好き」と答えた生徒。続いて冬が好きな理由を尋ねると，「雪が降るから」と返した。このとき，教師はその生徒に対しどのような声掛けをすべきだろうか。「雪が降るから」という発言は，「冬が好き」であることの理由として十分ではない。雪が降ることと冬が好きであることがどう関連するのか，論理の道筋が示されていないからだ。だが，普段の授業の中で，私たち教師はこうした生徒の「つまずき」をそのままにして，授業を進めていることが多い。

A「冬になると雪がたくさん降る（事実）」→「私は早朝の雪景色が好きで，心が癒されるような気持ちになる（根拠）」→（だから）「（雪が降る）冬が好きだ（主張）」

B「冬になると雪がたくさん降る（事実）」→「雪が降ったらスキーやスノーボードなどのウインタースポーツが楽しめる（根拠））」→（だから）「（雪が降る）冬が好きだ（主張）」

　AとBでは，「事実」「主張」ともに同じであるが，その根拠や理由となる事例・説明が異なる。主張を支える根拠や理由が違えば，当然，相手に伝わる情報にも説得力にも違いが生じる。にもかかわらず，発表や話し合い，作文指導において，「根拠や理由の妥当性」を検討しないまま，また「根拠や理由に説得力をもたせることの重要性」を意識させないまま，授業を展開してはいないだろうか。

　また，古文の読解問題で，こんな「つまずき」に出会ったことがある。

> 太田左衛門大夫持資は上杉宣政の長臣なり。鷹狩に出でて雨にあひ，ある小屋に入りてみのを借らんといふに，若き女の何とも物を言はずして，山吹の花一枝折りて出しければ，

「花を求むるにあらず」とて怒りて帰りけり。（後略）

問　「太田持資がある小屋を訪ねたのはなぜですか。その理由を『から』に続くように，十五字以上二十字以内で書きなさい」

　上の問いに対して，「鷹狩に出かけていて，雨が降り出した（から）」と答える生徒が少なからずいる。ここが「つまずきポイント」である。「雨が降り出したので，みのを借りたかった（から）」が適当な解答であるが，「みのを借りるため」という肝心の目的にふれずに，「雨が降り出したこと」を理由として挙げるのだ。「雨が降り出したこと」が理由であるなら，みのにこだわる必要はない。雨宿りすることが目的であってもよいし，みの以外の何か別の雨具を借りることが目的であってもよい。だが，本文では「みのを借りようとしたこと」が重要であり，その後の出来事の重要な伏線となっている。

　本実践では，以下に挙げるつまずきの解消を図るため，「読むこと」と「書くこと」，「話すこと・聞くこと」を相互に関連づけた系統的な指導を行った。
①登場人物の言動について，理由や根拠を正しくつかむことができない。（読むこと）
②自分の主張を支える適切な根拠と理由を挙げて，論理的に話すことができない。（話すこと・聞くこと）
③自分の意見と相手の意見との「共通点」や「相違点」を考えながら話を聞くことができない。（話すこと・聞くこと）
④登場人物の言動や作者の主張・論理の展開等について，賛成・反対の両面から捉え，説得力のある文章を書くことができない。（書くこと）

2 単元目標

①現代語訳や語注などを手掛かりに作品を読むことを通して，古典に表れたものの見方や考え方を知る。　　　　　　　　　　　　　　　　　　　（知識及び技能　(3)イ）
②自分の立場や考えが明確になるように，根拠の適切さや論理の展開などに注意して，話の構成を工夫する。論理の展開などに注意して聞き，話し手の考えと比較しながら，自分の考えをまとめる。　　　　　（思考力，判断力，表現力等　「A話すこと・聞くこと」イ・エ）
③根拠の適切さを考えて説明や具体例を加えたり表現の効果を考えて描写したりするなど，自分の考えが伝わる文章になるよう工夫する。（思考力，判断力，表現力等　「B書くこと」ウ）
④目的に応じて複数の情報を整理しながら適切な情報を得たり，登場人物の言動意味などについて考えたりして，内容を解釈する。　　　　（思考力，判断力，表現力等　「C読むこと」イ）
⑤言葉がもつ価値を認識するとともに，思いや考えを伝え合おうとする態度を養う。

　　　　　　　　　　　　　　　　　　　　　　　　（学びに向かう力，人間性等）

第3章　第2学年　国語嫌いな生徒が変わる授業＆評価プラン　75

3 評価規準

①古典に表れたものの見方や考え方を知り，自分の考えを広げるとともに豊かにしている。
②登場人物の言動について自分なりの主張をもち，その主張を支える具体的な根拠を挙げ，わかりやすく話したり，文章に書いたりしている。
③グループの話し合いを通して自分の考えをわかりやすく伝え，自分の意見と比較しながら仲間の話を聞こうとしている。

4 単元計画（全6時間）

次	時	学習活動	総時間数
		学習課題：「平家物語」を読み，古典の世界に親しもう	
一次	1	古文特有のリズムや作品の特徴を生かして「平家物語」の冒頭と「扇の的」を読み，古典の世界に親しむ。	1
	2	資料集や教科書ワークを用いて，「平家物語」の特徴や時代背景，当時の武士の考え方等について理解する。	2
	3	現代語訳や語注，資料集などを手掛かりに「扇の的」と「弓流し」の場面を読み，時代背景や物語・人物の設定，人間像等について理解する。	3
		学習課題：登場人物の言動について，「賛成」「反対」の両面から読み，考えを深めよう	
二次	1 （本時）	「扇の的」における与一の行動（舞を舞う男を射倒した行為）について，自分の考えを文章にまとめる。（p.79ワークシート） 「弓流し」の場面における義経の言動について，自分の考えを文章にまとめる。（p.79ワークシート） ※賛成・反対の両面から考え，根拠に説得力をもたせるようにする。	4
	2	書いた文章を班で交流し合う。（ノートに発表メモをとる） ※「共通点」や「相違点」について整理しながら聞く。	5
		学習課題：登場人物の言動について考え，古典の世界への関心を広げよう	
三次	1	「敦盛の最期」の場面を読み，現代と変わらない人々の思いにふれるとともに，古典文学への関心を高める。	6

5 本時の流れ（第二次1時）

❶導入（10分） 本時の目標を提示し見通しをもたせ，自分の考えをもたせる。

T 今日は「扇の的」の場面における与一の行動と，「弓流し」の場面における義経の言動を取り上げ，考えを深めましょう。

T まずは，「舞を舞った五十ばかりの男」について考えます。

T 男は，どのような理由から舞を舞ったのですか。

S 与一の腕前がすばらしかったので，あっぱれと思って舞を舞ったと思います。

S 波が高く，また扇までの距離もあって難しい状況の中，さらに敵や見方が多数見守る中で見事に扇を射た与一の腕前を「敵ながらあっぱれ」とほめる意味で舞ったと思います。

S 与一の腕前のすばらしさだけでなく，夕日に舞う扇や白波との対比など，情景のすばらしさに，戦場であることも忘れるくらい感動して，舞を舞ったのだと思います。

S 都人である平家の人々は源氏と異なり風流を愛する人が多くいたと思うので，舞を舞うことによって与一の腕のすばらしさをほめたたえたかったのだと思います。

T では，感動のあまり舞を舞う男を射倒した（射殺した）与一をどう思いますか。

T 与一の行動について，賛成＝どちらかといえば共感できる人？ （全体の傾向を知る）

T 与一の行動について，反対＝どちらかといえば共感できない人？

T それでは，賛成の人は賛成の立場から，また反対の人は反対の立場から自分の考えをまとめてみましょう。（ワークシートを配付する）

T まずは，与一が男を射倒した理由とそう考える根拠を，教科書や資料集から探し，書き出しましょう。順序，出典は問いません。

❷展開（25分） 2人の登場人物の言動について自分の考えを文章にまとめる。

T 続いて，自分の考えをまとめます。ワークシートに書き出した内容を参考にしながら，男を射倒すという与一の行動についてどう思うか，自分の考えをまとめましょう。まずは反対意見やその根拠について書き，その後，それを踏まえた自分の考えを書きましょう。

つまずき克服のポイント

　「賛成」か「反対」かで一方向からのみの価値判断をさせるのではなく，異なる意見＝反対意見や根拠を想定し，それについてふれながら自分の考えをまとめさせるようにしたい。
　これにより，物事を多面的に捉えることができるようになる。また，異なる意見を想定し，それを踏まえながら書くことで，主張に説得力や客観性が増す。

T 次に「弓流し」の場面における義経の言動について考えます。

第3章　第2学年　国語嫌いな生徒が変わる授業＆評価プラン　77

T　敵からの弓矢による攻撃が続く中，わが身の危険も顧みず，自分の弓矢を拾うために海に入った義経の行動とそのときの言葉について，あなたはどう考えますか。

T　先ほどと同様に，「賛成」「反対」の両面から考えたうえで，最終的なあなたの主張を書きましょう。異なる意見について反論するつもりで，より説得力のある事柄を根拠として挙げましょう。

つまずき克服のポイント

　「良い」「悪い」という単純な価値判断で終わらせないため，当時の武士の考え方や義経のおかれていた状況，人物像など，判断基準（根拠）となる事柄を資料集等から複数抜き出させるようにしたい。これにより，論理に客観性が増し，主張に説得力をもたせることができる。

　また，理由や根拠，予想される反対意見が混在したわかりにくい文章になることを避けるため，構成のしかたについて２段落または３段落で書くよう指示・助言したい。

T　まずは最終的な主張とそう考える理由から書き出しましょう。次の段落には，根拠となる事柄や予想される反対意見を書きましょう。

　※本実践では原稿用紙ではなく，罫線入りのワークシートを活用する。原稿用紙を用いない場合でも，記入する際は段落構成を意識させ，理由と根拠が入り混じったわかりづらい文章にならないよう指導する。

　　初め　……自分の主張（考え）とそう考える理由

　　なか　……考えの根拠となる事柄，予想される反対意見や根拠

　　終わり……最終的な自分の考え（端的にまとめる）

❸まとめ（15分）　書いた文章を班で交流し（発表し合い），考えを深める。

T　では，学習のまとめとして書いた文章を班で交流し合ってみましょう。

　※声に出して発表させるか，書いた文章を黙読させ，その後コメントを記入させる。

T　発表を聞くときは，自分の意見と比較し，「共通点」や「相違点」をメモしながら聞きましょう。

つまずき克服のポイント

　「友達の意見」＝青ペンで記入など，日ごろから聞き取りの際のルールを決めておきたい。特に「共通点」「相違点」に着目させながら，ノートに聞き取ったことを分類・整理させると良い。振り返りでは，特に自分の意見との「相違点」にふれながら，話し合いによって深まった考えをまとめさせる。

6 ワークシート

異なる立場の意見や根拠についても考え，話し合うことにより，物事を多面的に捉えることができるようになる。また，一方向からのみ主張するよりも，論理に説得力が増す。

「扇の的―「平家物語」より」

二年　組　番　氏名

(1) □登場人物の言動について、「賛成」「反対」の両面から考えてみよう。

与一が、自分の弓の腕前に感服して舞を舞う（五十歳くらいの）男を射倒したのはなぜか。教科書や資料集から根拠となる事柄を探し、理由を書きなさい。

【与一が男を射倒した理由】

■根拠
○○○○

(2) 与一の右の行動について、あなたは「賛成」（共感的な意見）ですか、それとも「反対」（批判的な意見）ですか。
※それぞれの立場の意見と、予想される理由・根拠をふまえながら考えてみましょう。

○「賛成」の理由と根拠

△「反対」の理由と根拠

【予想される反対意見】

【最終的な自分の考え】……賛成（　）・反対（　）

※立場・根拠を明らかにして書く。「賛成」「反対」のそれぞれの主張・根拠にもふれながら、書きましょう。

与一の行動について、私は

(3) 「弓流し」の場面における「義経の言動」について、あなたはどのように考えますか。

○良い（賛成である）
【理由・根拠】

△良くない（反対である）
【理由・根拠】

※立場・根拠を明らかにして書く。「賛成」「反対」のそれぞれの主張・根拠にもふれながら、書きましょう。

義経の言動について、私は

「良い」「悪い」という単純な価値判断で終わらせないようにするため、武士の考え方や義経の人物像など判断基準（根拠）となる事柄を資料集等から複数抜き出させるようにしたい。

（西山佳代子）

4 読むこと（文学的な文章） 走れメロス（東京書籍）

登場人物の行為の意味や根拠を整理しながら読ませる

1 生徒のつまずきの実態とつまずきを踏まえた言語活動の特徴

> **つまずきの実態** 場面の展開を捉えながら，文章全体のつながりを考えることができない
>
> **言語活動の特徴** 登場人物の行為の意味について，根拠を示しながら考えを書いたり，交流したりする活動

　１年生で見られた「登場人物の行動描写から心情を的確に捉えることができない」というつまずきが，２年生では，「場面の展開を捉えながら，文章全体のつながりを考えることができない」という課題につながる。例えば，「走れメロス」の授業の中心発問「メロスが再び走り始めたのはなぜでしょう」に対する生徒たちの反応である。「ここでやめたら，セリヌンティウスを裏切ることになるからかな？」，「セリヌンティウスを殺されたくないから」などは，発問の「メロスが再び走り始めた」場面でしか考えられていない。また，「自分の名誉を守るために走っている」という意見もある。これに対しては，メロスが「我が身を殺して，名誉を守る希望」が生まれたと言っている場面がある。「我が身を殺して」という言葉の意味が正しく捉えられていれば，「自分の名誉を守るために」という言葉は出てこないはずである。これら１・２年生で見られるつまずきは，３年生の「登場人物の設定や心情・情景の描写から作品の主題を理解することができない」というつまずきにつながる。その点を解消するために，２年生でも音読と発問に対する自分の考えをノートに書き，交流するという方法を取り入れる。登場人物の行為の意味について根拠を示しながら考えを書かせたり，それらを交流したりすることで，文章描写から想像力をはたらかせて，文章全体のつながりを捉えることができるようになる。

2 単元目標

①喜怒哀楽を表す言葉などに注意して，語感を磨く。　　　　　　　　　（知識及び技能　(1)エ）

②場面の展開を捉えながら登場人物の考え方の変化を捉える。

（思考力，判断力，表現力等　「Ｃ読むこと」エ）

③場面の展開や表現の工夫について考える学習に関心をもち，意欲的に作品を読もうとする。

（学びに向かう力，人間性等）

3 評価規準

①喜怒哀楽を表す言葉などに注意して，語感を磨いている。

②人物や情景の効果的な描写に着目し，メロスと王の人物像や，考えの変化を捉えている。

③場面の展開や表現の仕方の工夫学習に興味をもち，進んで作品を読もうとしている。

4 単元計画（全6時間）

次	時	学習活動	総時間数
一次		学習課題：全文を音読し，初発の感想を交流しよう	
	1	全文を通読し，感じたことや考えたこと，気になった一文など，初発の感想をノートに書き，その後，意見交流をする。	1
二次		学習課題：登場人物の行為の意味について考えよう	
	1	「冒頭からメロスが王城を出発するまで」の場面　メロスと王の人物像を捉える。	2
	2	「メロスが疲れて立ち上がれなくなった」場面　場面の緊迫感を表すための表現の仕方の工夫を捉える。	3
		疲れて立ち上がれなくなったメロスの考え方の変化を捉える。	
	3（本時）	「メロスが再び走り始める」場面　場面の様子を書き出した表現の工夫を捉える。	4
		走り続けることの意味について考える。	
	4	「メロスとセリヌンティウスが再会する」場面　王の心の変化を捉え，考えをまとめる。	5
三次		学習課題：作品の構成について考え，読み取りを整理しよう	
	1	友との再会の場面での展開や表現の仕方の工夫や効果を考える。	6
		作品の読み取りを文章化し，整理する。	

第3章　第2学年　国語嫌いな生徒が変わる授業＆評価プラン　81

5 本時の流れ（第二次3時）

❶導入（10分） 本時の目標を提示し見通しをもたせ，全員で音読をする。

T　前回の学習内容を振り返ります。自分の意見や友達の意見を見直してみましょう。

S　（ノートに記録した学習内容を読み返すことで，前時の学習を思い出す）

T　「王城に向けて走り出す場面」から「立ち上がれなくなる場面」までを全員で音読しましょう。多少速いくらいのペースで，なおかつ声を揃えて読んでいきましょう。

S　（全員で音読する）

T　今日はメロスが「再び走り始める場面」について考えていきます。
　　学習目標は，「再び走り始めたメロスの様子を捉え，走り続けることの意味について考える」です。今日も文章を何度も音読し，文章をじっくり読み取っていきましょう。すばやくノートに目標を書きましょう。

S　（本時の学習目標を確認し，ノートに書く）

T　では，まず私が読みます。漢字の読みや語句の意味でわからないもの，気になった言葉があれば印をつけたり書き込んだりしましょう。（「再び立ち上がって刑場に突入するまでの場面」を範読する）

T　今度はみなさんが読んでみましょう。

S　（個人，ペア，全体，指名音読等，様々な形での音読を繰り返し取り入れる）

つまずき克服のポイント

　1時間の授業の中で10分程度の音読を取り入れる。音読を繰り返すことで，何度も文章に触れることになる。着目すべき方向性がわかれば，わかる，書けるにもつながる。中心発問につながるような音読の工夫をすることで，生徒たちは大切な部分に気づく。当然，読み取る力はアップする。わかるということは，授業への意欲を高めることにもなる。

❷展開（30分） 場面の様子を書き出した表現の工夫を捉える。

発問1　「こんこんと，何か小さくささやきながら清水が湧き出ている」とは，どのような様子を説明しているか。

T　全員で「今はただその一事だ。走れ！　メロス。」までを読みましょう。

S　（一斉音読）

T　気持ちのこもったよい読みでした。いいねえ。今度は，全員で「ふと耳に，せんせん」から「清水が湧き出ているのである」までを声を揃えて読んでいきましょう。

S　（一斉音読）

T 全員で同じ部分をもう一度読みましょう。どんな情景のイメージが広がっていますか。
（発問につながる重要な部分を繰り返し音読させることで，考える視点を与える）

S （注目したい部分の繰り返し音読）

T 気になる言葉はありませんか。

S1 「何か小さくささやきながら」という言葉が気になりました。清水がささやくってどういうことかなと考えました。

S2 それって擬人法だよね。

T 「清水がささやく」というのはどういう状況だろうね。考えたいところだね。

S2 「せんせん」っていう言葉も気になりました。

S3 はい，「こんこんと」というのもどういうことかなと気になります。

T 気になる言葉ですよね。「せんせん」「こんこん」こういう言葉の種類はなんというかわかりますか。

S4 擬音語？ 擬態語かな？ あれ？

T 脚注の説明を見るとヒントになりますよ。「せんせん」は様子でもあり，音でもあるとありますね。文章をもう少しよく読み直してみましょう。何度も読むと，見えてくることがあるはずです。

S5 はい，「水の流れる音が聞こえた」とあるので，擬音語です。

T なるほど。「音が聞こえた」とありますね。情景を想像しながら，文章を何度も読むとさらに深く読み取れますよ。この調子です。では，「こんこんと」はどうでしょうか。

S6 どちらともとれる気がします。音のような様子のような，わずかな動きが感じられます。

T なかなか深い読みです。ますます調子が出てきましたね。「こんこんと」は確かにどちらともとれる気がします。音か様子かはともかく，「こんこんと」湧き出ているのです。「こんこんと」です。どんな様子が思い浮かびましたか。日本語は，これらの擬音語や擬態語が他の言語に比べて非常に多いと言われています。それらのおかげで表現の幅が広がり，豊かな世界が広がるとも言えます。そこで，「こんこんと」湧き出る清水に注目していきます。
（発問1を板書する）「こんこんと，何か小さくささやきながら清水が湧き出ている」とは，どのような様子を説明しているか。

S （ノートに発問を書き写す）

T すばやい動きです。早速自分の考えを書いていきましょう。今日も5行です。

S （ノートに自分の考えを書く）

※10分程度の静かに書く時間を確保する。

T それでは，隣の人と交流をしましょう。それでは，廊下側の人から発表しましょう。隣の人は，赤ペンで自分になかった友達の意見の聞き取りメモをしましょう。

第3章 第2学年 国語嫌いな生徒が変わる授業&評価プラン 83

S1　お願いします。「もう無理だ」という気持ちでいたけれど，清水が湧き出ているのを見て，勇気や元気など，メロスに光が差してきたのだと思います。清水が，何か自分に話しかけてくれている様子だと考えました。

S2　お願いします。少しずつだけど止まらずに水が流れていて，メロスに少しずつ進めばいいんだとささやいているような様子だと思います。まるで，メロスの姿をずっと見ていて，応援してくれているように。メロスは友を裏切る人ではないのを自然も知っていて，その水がメロスを元気にしようと，いつものメロスの心に戻そうとしてくれていると思います。

つまずき克服のポイント

　繰り返し，たっぷり音読した後，「走り続けるメロスが伝えようとしていることは，なんだろう」と問いかけることで，メロスの行為の意味について，根拠を求めようと文章と深く向き合わせることができる。何度も読んだ上で，投げかけられた発問ということに大きな意味がある。「5行で」などと，書く分量を指示し，ある程度の長さの文章を繰り返し書くことで，書くことへの抵抗感が薄れ，深く読み取ろうとする習慣がついていく。

S　（ペアでの交流とメモをそれぞれに行い，自分になかった考えをノートに赤字でメモする）

T　それでは，全体での交流の時間にしましょう。自分になかった意見を記録する準備はいいですか。では，最初は…S3さん。（順次指名していく。指名には座席表のメモを使い，内容の類似したもの，相対するもの，浅い読み取り，深い読み取りなど思考が深まるように指名することを心がける）

つまずき克服のポイント

　友達の意見をメモすることを習慣化すると，友達の考えを注意深く聞くようになる。

発問2　再び走り始めたメロスは何のために走っているのだろうか。

T　再び走り始めたメロスです。走るメロスの様子を捉えていきましょう。準備のできた人から各自，音読を始めましょう。

S　（個人，ペア，全体で音読する）

T　全体で…。「やめてください。」からをもう一度読んでみましょう…。「それだから，走るのだ。」…。（様々な音読を繰り返し，文章描写から想像力を働かせて，自分の考えをもたせやすくする）

S　（休む間もなく指示された音読を繰り返す）

T　十分，音読できましたね。繰り返し音読したことを生かしますよ。本日，もっとも深く考えたいことです。ノートに書いていきましょう。

(発問2を板書する)
「再び走り始めたメロスは何のために走っているのだろうか」
※発問1と同様に、ノートに自分の考えを書かせ、ペアで交流させる。

つまずき克服のポイント

「メロスは何のために走っているのか」など、メロスの行為の意味を「何のために」と問うことで、根拠に基づいて説明する必要性をもたせる。また、各場面の登場人物の行動とその際の心情を比較させ、場面ごとの変化やつながりを意識させながら、自分の考えを描くように指示する。

T　それでは、全体での交流の時間にしましょう。
T　(座席表に記録したメモをもとに意図的な指名発表を進め、個々の生徒の読みを学級全体へと広げていき、さらに思考を深める意図的な指名を行う)

つまずき克服のポイント

座席表に生徒の読み取り度合いをメモしていく。一枚の紙にまとめることで、生徒やクラスの理解度を一目で把握することができる。さらにそれらを用いて、意図的に思考の方向に従って指名発表させていくことは、つまずいている生徒たちの理解を助ける。

友達との交流時には、友達の意見をメモさせる。つまずきのある生徒にとっては、自分一人で文章から読み取ったことを書く活動は難しい。たとえ、自分の考えがうまくまとめられていなくても、友達の意見をメモすることで、自らも考えることに参加しているという実感が得られ、学びに向かう意欲につながる。

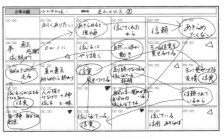

生徒の評価資料
(座席表を用いた「学びを深める
キーワードの記録」)

❸まとめ(10分)　再度音読をし、本時の学習を振り返る。

T　「再び立ち上がって刑場に突入するまでの場面」を音読し、今日、学習したことや自分の考えたことを振り返りましょう。では、ペアで読みましょう。
S　(ペアで音読する)
T　「学習計画表」に「今日の学び」を記録し、次の時間の学習内容を確認しておきましょう。
　※「学習計画表」をノートに貼らせ、授業の全体像をつかませておく。

6 資料

❶授業ノート

> 場面の様子を書き出した表現の工夫に着目し，メロスの考え方の変化を捉えさせる。

走れメロス

友を見捨てきれない強い心
走れなくなるまで
友だちのために良く頑張った
限界で弱音をはいてしまったが自分の心に打ち勝とうとした。

走り続けるメロスの伝えようとしていることをつかむ。

こんこんと清水が湧き出ている

どのような様子が
「もう無理だ」という気持ちから，清永が湧き出ている
のを見て勇気や元気などメロスに何かさした
ます。清水が何か自分に話しかけてくれている。

今，自分がしなければいけないことがあることに気づいた。
小さく鼓動くらいの音が響いている
希望と勇気，背中を押してくれている
手をさしのべた。あきらめない
セリヌンティウスが清水にすがて何が語りかける
一口で元気がもらえた
少しずつ進めばいい。止まらず，水のように

×メロスは雨に合うよりもセリヌンティウスが信じてくれて
いるのに，うらぎれないと思ったと思います。王に「信じる」
ということを伝えたい。教えてあげたいと思った。

> 投げかけられた発問に対して，自分の考えを書く。友達の意見は赤ペンで。

こんこんと～。

少しずつだけど止まらず水が流れていて，メロスに，少しずつ
進めばいいんだとささやいているような様子だと思ます。
まるで，メロスの姿をずっと見て，メロスは友を裏切る人ではないと自然を知てその水
ように，メロスを元気にしょうと，いつものメロスの心に戻ってその
してくれている。

応援してくれている

「来い」とささやいている。
メロスのこどうと同じくらいの静かさで小さい音
小さくそっと背中を押してくれる。希望，勇気
救いの手をさしのべて，メロスはあきらめないこと
光がさしてきた
希望が流れてきた
一口で元気に

メロスの伝えようとしていること

これまで，いろんな壁を乗りこえてきたから，最後まで
走りとおしたかった。友のために走りたいという気持ちが
強かった。間に合うと信じて自分を励ましたり
とにかく走りたかった。もと大きな何かがあるから。
信じてくれた友があるから。元気をくれた水があるから。
メロスは人を信じることを伝えたかった。

> 場面の様子を表す表現の「こんこんとわく清水」を考えることで，メロスの考え方の変化を捉えることができている。

❷生徒のノートからの評価

発問2　再び走り始めたメロスは何のために走っているのだろうか。

> ①　メロス自身，正義がモットーだけど，一度走りを止めてしまってそんな自分のまま死にたくないと思っていたはずだ。悔いのないようにしたかったから。
> ②　走り始めた3日前から竹馬の友セリヌンティウスを人質にして走り，途中で挫折しそうになったときも，だれかが自分の帰りを待っている信じている人のためにもと，最後まで走り続けた。

→①より②と理解は深まったようではあるが，人間の「信実」は確かに存在し，人間は信頼するに足る存在であるという主題にたどり着くには不十分な読み取り段階である。王との関係性に触れることができていない。

> ③　人一倍正義感が強いから，あの王に人の信実の存するところを見せて，人の心を信じることを知ってもらいたいし，ずっと疑わずに信じてくれているセリヌンティウスを裏切りたくない思いがあるから，血を吐いても，フィロストラトスに止められても，自分の正義への思いを守るために走っている。

→王にとあり，王との関係性の中から「信実」という言葉を捉えることができている。「正義」が何を指しているのか，「正義」のために走るという結論にとどまっている。

> ④　王様に伝える信じるべき意味をさらに大きく！「人を信じるとはこういうことだ‼」というセリヌンティウスを助けるためでもなく，もっと幅（程度）の大きい，王様の「疑うことしかできない気持ちもろとも吹き飛ばす！」というのが走る意味です。
> ⑤　走ることをやめて，友を裏切ったら，友が死ぬし，王にも人の信実の存するところを見せつけられないから。メロスは王に人の信実を見せつけるために，人類（村人）の代表として走っている。メロスには責任がある。
> ⑥　恐ろしく大きいもののために，セリヌンティウスの命でもない何かの大きな力に引きずられて，信じることを伝える‼　信じられているから走る。
> ⑦　信頼する友を助けるためでもあるが，王に言われた約束を守らなければいけないと思っている。国王に人の信実の存するところを必ず見せて，国を変えたいと思っている。
> ⑧　とにかく，人の信実の存していると伝えたい！　走り続けることで，何かが変わるんじゃないか，そんな可能性を感じながら走っている。

→互いの意見を交流し合う中で，次第に主題に迫らせていく。机間指導を行いながら，生徒のノートのポイントとなる部分に波線などを引き，理解度を把握した上で，意図的な指名発表による交流を通して，「信実」という言葉に目を向けさせていく。

（西田　美和）

5　読むこと（説明的な文章）　動物園でできること（三省堂）

筆者の論理の展開を推論させ，自分の表現に活用させる

1　生徒のつまずきの実態とつまずきを踏まえた言語活動の特徴

> **つまずきの実態**　説得力のある筆者の論の展開を読み取ることができない
> **言語活動の特徴**　筆者の主張に合った事例の種類を検討し配列する活動

　中学生の多くは，内容の読み取りは比較的得意であり，本文に書かれてあることを問われると自信満々に答えることができる。しかし，「では，筆者は自らの主張に説得力をもたせるためにどのような工夫をしていますか？」と本文に書かれていないことを問われると，急に自信をなくし，黙ってしまう。これは，内容だけの表面的な読み取りに終わってしまっているからである。彼らは，ただ書かれてある要旨を読み取ることのみに力を注いでいる。そのため，「本論」の事例の意味や配列の仕方が「結論」を支える大きな根拠になっていることを考えながら読むことができない。

　本実践では，そのつまずきを踏まえ，「本論」の事例が筆者の主張を支える大きな根拠となるのだと実感できる言語活動を位置づけた。筆者の主張に合った事例の種類を検討し配列する活動。筆者の用いた事例の種類を並び換える中で，論理的な配列を考える活動。学習後に，学んだ論理展開を用いて，作文する活動。このように筆者が文章を生み出していく過程を疑似体験できる言語活動を設定した。この疑似体験により，生徒は叙述の順序が筆者の考えにどのような説得力をもたらすのかを実感することとなる。

2　単元目標

①意見と根拠，具体と抽象など情報と情報との関係について理解する。（知識及び技能　(2)ア）
②観点を明確にして文章を比較するなどし，文章構成や論理の展開のあり方，表現の効果を読み取ることができる。　　　　　　　　　　　　　　（思考力，判断力，表現力等　「C読むこと」エ）
③言葉がもつ価値を認識するとともに，思いや考えを伝え合おうとする態度を養う。

（学びに向かう力，人間性等）

3 評価規準

①教材文の論理展開を生かして書いた作文の「本論」部分の事例とまとめの内容に一貫性がある。

②「本論」の事例のあり方を考える中で，自分の根拠に基づいて事例を導き出すことができている。

③グループの話し合いやペアワークの中で自分の考えを率先して伝え，自分の意見と比較しながら仲間の話を聞こうとしている。

4 単元計画 （全8時間）

次	時	学習活動	総時間数
一次		学習課題：本文の内容を予想しよう	
	1	「序論」「結論」を読み取り「本論」の事例を配列する手がかりとする。	1
二次		学習課題：「本論」の事例のあり方について考えよう	
	1	「本論」に事例を3つ入れるなら，どのような動物をどの順序に入れるかを考えワークシート1に記入する。（事前に調べてきておく）	2
	2	個人で考えた配列と根拠をグループで交流し視野を広げる。	3
	3 (本時)	配布された事例のプリントを3枚（1つの事例1枚にまとめたもの）を用いて，配列とその根拠を個人で推測する。 個人で考えた配列をグループで交流し，そこから筆者の論理の展開や工夫を推論し，仮説を立てる。 筆者の配列を知り，自分たちの仮説と比較検討する。	4
三次		学習課題：学習した説明文の形式を使って「私にできること」をテーマにした作文を書こう	
	1	キーワードを使って，構成表を完成する。	5
	2	構成表をもとに下書きを行う。	6
	3	下書きを推敲し，丁寧に清書する。	7
	4	クラスで互いの作品を交流する。	8

第3章　第2学年　国語嫌いな生徒が変わる授業＆評価プラン　89

5 本時の流れ（第二次３時）

❶導入（10分） 本時の目標を提示し見通しをもたせ，グループで仮説を立てる体制を作る。

T　今日は，本文で筆者が実際に使った事例から配列と根拠を考えます。そこから事例の配列の効果をみてみましょう。

　　（事例のプリントを３枚（「本論」事例を１つずつ１枚にまとめたもの）を同時に配付）

T　筆者はこの３つの事例をどのような配列で並べたと考えますか。また，その配列はどのような根拠に基づいているからそうなったのですか。まずは，ペアで思いついたことを何でも出し合ってみましょう。

S　ペンギン→オランウータン→エゾジカかな（小さい物から大きな物の順かな）。

S　ペンギンは最後だと思う（最後に一番伝えたいことがくるから，ペンギンの散歩は旭山動物園の有名な取り組みになっているし……）。

T　ペアで出たことも手がかりにしながら個人でノートに記入しましょう。

　　（思いつかない生徒には配列と根拠の手がかりとするためにワークシート２を提示する）

S　（ペアで出たことや，本文を確認しながら配列と根拠をノートに記入していく）

つまずき克服のポイント

　ここでは事例のプリントを３枚（「本論」事例を１つずつ１枚にまとめたもの）を同時に配付し，配列を推論することに興味をもたせるようにする。また，個人の意見をもてるように，ペアのバスセッションを取り入れる。どうしても考えつかない生徒の手立てとして，「来客者に学んで欲しい」と感じていることを抜き出す読み取りのワークシート（ワークシート２参照）を用意する（「楽しく学ぶ」の「学ぶ」にある筆者の主張に注目させるため）。

❷展開（30分） グループで意見を交流し，筆者の論理の展開を推測し，仮説を立てる。

T　グループになってノートに書いたことを交流し，グループとしてはどのような配列だと推測するのか，その根拠は何か考え発表できるようにしましょう。時間は10分です。

S　事例の後の段落に「美しく，しなやかで，たくましく，ダイナミックで」とあり，「美しく，しなやか＝エゾジカ」「たくましく＝ペンギン」「ダイナミック＝オランウータン」にあてはまるから，エゾジカ→ペンギン→オランウータンになるんじゃないかな。

T　班で立てた配列と根拠を発表できるように用意してください。ホワイトボードには配列と，その配列の根拠を３つのキーワードで記入してください。全てが発表できない場合は「○○は最後」や「○○は最初」など一部分だけの配列と根拠でもかまいません。

90

S （1班）「ペンギン↔オランウータン→エゾジカ」

　　　エゾジカは野性的な部分でみんなの予測とは全くの真逆だと思うのでその予想を覆すように最後にもってきたのだと思います。

T つまり，一番読者の印象からほど遠い動物を配列することによって"楽しく学ぶ"を実感する効果を狙ったのですね。

S （2班）「オランウータン→ペンギン→エゾジカ」

　　　オランウータンの部分だけに「飼育員が解説する」とあり，筆者は最初に「飼育員が解説」することで"学ぶ"ことができると説明しています。ペンギンとエゾジカの事例には"誰が"解説するのか書かれていませんが，オランウータンの事例で説明してくれているので，書いていなくても話が通じます。だから，オランウータンは最初です。また，事例の前の段落（序論）に「事例をあげながらその方法を紹介したい」，エゾジカの事例の最初にも「私が飼育係を七年間務めてきたエゾジカの展示を紹介したい」とあるので表現が2回繰り返されるのはおかしいです。だからエゾジカは最初ではないとわかります。（後略）

T 文の表現を根拠として論理的に文章をよく読めていますね。詳しい説明が先に書いてあれば，後の事例で詳しく書いていなくても筆者は想像しながら読めるというわけですね。同じ表現が重なるのがおかしいという点も納得できます。

S （3班）「ペンギン↔オランウータン→エゾジカ」

　　　エゾジカが最後なのは大切だからです。オランウータンとペンギンは「～している。」と続いている形になっているのに，エゾジカだけが「～きた。」と過去の形になっていて全ての事例のまとめのように感じました。

T もう少し具体的に言ってみて。なぜ過去の形になっていたら最後になるの？

S 後にオランウータンやペンギンの後にはまだ事例が続いていて途中だから続く形で終わっていて。エゾジカの例で事例は終わるので，完結するように過去形になっている。

T なるほどね。「試行錯誤を続けている」（オランウータン）「毎年多くの人が楽しみにしてくれている」（ペンギン）と後に続く形で終わっているのに対して，エゾジカだけが「彼らとともに生きていることの意味やその大切さについて紹介し続けてきた」と閉じる形で終わっているということだね。「もう事例はこれ以上ないよ」と表現しているように感じるね。文末の文体をよく捉えたね。

S （4班）「オランウータン↔ペンギン→エゾジカ」

　　　七年間飼育してきたとエゾジカの部分では書いてあり，また筆者の気持ちの部分が書いてあるのもここだけなので，エゾジカへの特別な感情が読み取れるので最後だと思います。

T 最後に最も言いたいことをもってくるという工夫に目が向けられているところや，「七年間」や「筆者の思いが書かれてある」ということばから筆者の特別な感情を読み取っているところはよく読めているところですね。

第3章　第2学年　国語嫌いな生徒が変わる授業&評価プラン　91

（中略）

T　みんなの発表から筆者の論理がわかってきたね。その筆者の意図を推論するために，文体や文意を捉えて論理的な配列を考えることができました。今回の授業では正解を求めるのではなく，文章の特徴を出し合う中で筆者の考え方に触れることが大切なことでした。

つまずき克服のポイント

生徒の発表から筆者の思いや意図を中心に取り上げることで筆者の考え方（説得力）に気づき，文章の表面からは読み取れない筆者の思いがあることを認識することができる。

❸まとめ（10分）　筆者の事例の配列を確認し，筆者の意図を読み取る。

T　実際は「オランウータン→ペンギン→エゾジカ」でした。筆者はなぜこの配列にしたのか。根拠と理由を中心に振り返りを書きましょう。

S　みんなが言っていたように，エゾジカが最後にきているなと思いました。奥山さん（筆者）はエゾジカがかわいくてしかたがないのに「害獣」と書いてあり，そのように扱われることが嫌だったのではないかと思います。だから，動物園を楽しく学びの場にするために最初は人気のある動物をもってきて最後にエゾジカを置き，エゾジカの本当の魅力を認めて欲しかったのだと思います。

S　班では事例の部分だけを注目していたけど，そのあとのまとめの部分をみると「美しく，しなやか」で「たくましく」「ダイナミック」とあって，初めはそのまま「エゾジカ→ペンギン→オランウータン」と考えて入れていたけど，全くの反対だった。ということは一番伝えたいものが最後にくるというのがよくわかった。筆者は「美しく，しなやか」なところを一番に，そして「たくましい」ところを二番に，「ダイナミック」なところは三番に言いたかったことになる。たしかに，美しさにはあまり目がいかないかもしれない。

S　人が動物を危機に追いやっている順だと思う。オランウータンは直接じゃないけど森林を人間が伐採することによって，生息の危機にさらされている。エゾジカは，実際に人間に駆除されているから，後になるほど直接人間が関わっていると思う。でもペンギンだけはわからなかった。人々のイメージによる被害というのは無理やりな感じがする。

T　（この後，振り返りを何点か読み上げる）

つまずき克服のポイント

今までの知識を使って振り返ることで，筆者の意図を深く読み取れるようになる。また，筆者が配列した事例に関する根拠と理由を何点か紹介することで事例は主張を支える大きな根拠になっていることを実感できる。

6 ワークシート

❶ワークシート1

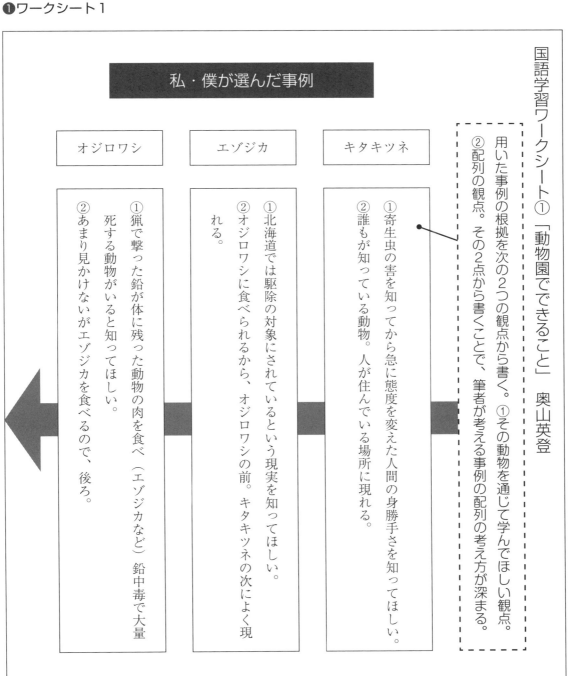

❷ワークシート2

国語学習ワークシート② 「動物園でできること」 奥山英登

（　）組（　）番　氏名（　　　　　　　）

●事例をまとめて配列のヒントに！

学んで欲しいことだけに注目させることで、要点が絞られ比較しやすい。記入後の波線部分を配列のヒントにできる。

種類	来場客に学んで欲しいこと
エゾジカ	エゾジカもジャイアントパンダと同じく地球上の生物の豊かさを構成している一員であり、彼らとともに生きていることの意味やそのたいせつさを知って欲しい。
オランウータン	オランウータンがダイナミックに行動する森林が失われつつあり、そのことが彼らの生息を脅かしているということを知って欲しい。
ペンギン	自然の中で暮らすペンギンのたくましい姿にも思いを寄せて欲しい。

7 評価のポイント

❶ Aの評価例

題名 「私なりの支え合い」
序論 私にできること
（どのようにしてできるのか）
支え合い
本論1 少しのことでも傷つきやすい人。
本論2 無意識に人を傷つけてしまう人。
本論3 あまり人に踏み込まれたくない人。
まとめ 相手を受け入れ、仲良くなる。
結論 相手と向き合うことで、互いに支え合うことが可能になる。

自分が関わりやすい順に配列を工夫。本論3が最も難しいが、そこを強調した作文になっており、本論のまとめに一貫性がある。

本論1か2が後半にくれば、まとめに説得力が増す。

❷ Bの評価例

題名 「僕ができること」
序論 授業中勉強する雰囲気を作る
（どのようにしてできるのか）
本論1 誰とでも話せるようにする。
本論2 勉強の楽しさを教える。
本論3 点検で忘れ物を減らす。
まとめ 授業中が楽しくなればみんなが勉強する雰囲気になる。
結論 授業以外の時間が実は大切なのかもしれない。

❸ Cの評価例

題名 「私ができること」
序論 部活動を引っ張っていく
（どのようにしてできるのか）
本論1 スパイクの練習をする。
本論2 ランニングをたくさんする。
本論3 人より声を出す。
まとめ たくさん練習すれば引っ張っていける。
結論 だから私は毎日を頑張っていこうと思う。

最初はこのような例が多く見られる。

事例が練習の種類に終わっており、適当でない。「たくさん練習する」とまとめているが、事例に根拠がない。

（前川　裕美）

6 我が国の言語文化に関する事項 類義語・対義語・多義語・同音語（教育出版）

用例づくり，語句のイメージの
イラスト化を取り入れる

1 生徒のつまずきの実態とつまずきを踏まえた言語活動の特徴

つまずきの実態 語彙に興味をもち，主体的に調べ自らの表現活動にいかそうとする意識が低い

言語活動の特徴 用例づくり，語句のイメージのイラスト化を取り入れたオリジナル「対義語辞典」を作成する活動

　昨今，パソコンやスマートフォンの普及によって，新聞や書籍に触れる機会が少なくなってきている。また，インターネット等によって安易に調べることに慣れている子どもたちは，辞書を使うことを面倒くさいと感じ，辞書を使うことに抵抗感をもっている。しかし，実際授業で辞書引き学習を行うと，その語句の意味だけでなく用例や対義語・類義語の存在に気づき，またその周辺の語句を見ることで新しい発見があるなど，興味深く取り組む生徒の姿が見られる。そのことから，授業者が意図的に「辞書」を使う授業を仕組むことによって，子どもたちは「辞書」のもつ広がりや深さを実感できると思われる。

　本実践では，辞書を使った調べ学習を行い，オリジナルの「対義語辞典」を作成する活動を行った。辞書を使う側から作る側にシフトチェンジすることで，改めて辞書の仕組みや言葉の使い方を考え，習得した語彙を今後の表現活動に生かそうとする意識の向上につながる。

2 単元目標

①抽象的な概念を表す語句，類義語と対義語などについて理解する。　（知識及び技能 (1)エ）
②身近なテーマを題材にした用例を考えることができる。推敲の段階で適切な表現であるか判断することができる。　　　　　　　　　　（思考力，判断力，表現力等 「B書くこと」オ）
③自ら進んで複数の資料から内容を吟味し，適切な表現を使おうとするとともに，班活動において，自分の考えを伝え他者の意見を参考にできる態度を養う。

（学びに向かう力，人間性等）

3 評価規準

①対義語の意味や用法について理解し，語感や語彙を豊かにしている。

②身近なテーマを題材にした用例やイメージ画を考えたりしながら理解を深めている。

③対義語について興味をもち課題に取り組んでいる。また班活動において，推敲の観点に基づいてよりよい表現を考えようとしている。

4 単元計画（全4時間）

次	時	学習活動	総時間数
一次	1	学習課題：課題の語句を複数の資料を使って調べよう	1
		本課題の説明を聞く。（p.99資料1）	
		担当の語句について対義語や意味を調べる。（p.100資料2・ワークシート1）（複数の辞書や図書館の資料を使う）	
		身近なテーマを題材にした「用例」を考える。	
二次	1（本時）	学習課題：自作の「用例」を推敲し，文脈に即した表現を考えよう	2
		個人が考えた「用例」を推敲の観点に基づき4人班で推敲する。 ＊推敲の観点に注意！	
三次	1	学習課題：その語句からイメージするイラストを描こう	3
		担当の語句の用例に関連したイラストを描く。	
		担当語句の対義語についても同じことを行う。	
		ワークシートに清書する。　＊生徒作品参照（p.101資料3）	
四次	1	学習課題：クラスで互いの作品を交流しよう	4
		製本する。表紙（p.101資料4）と裏表紙もつける。	
		担当した語句について発表していく。	
		単元全体の振り返りを行う。	

第3章　第2学年　国語嫌いな生徒が変わる授業＆評価プラン　97

5 本時の流れ（第二次1時）

❶導入（5分） 本時の目標を提示し，より文脈に即した表現を作成する意識をもたせる。

T 本時は，個人が考えた「用例」を推敲の観点に基づき4人班で推敲します。各自が使用している辞書を持ち寄り，それぞれが考えた「用例」における語句の使い方が適切であるか話し合ってください。4人班での司会は，Aのポジションの人が行います（国語の授業では，4人班を使う場合，司会・報告・記録・計時をローテーションしている）。

❷展開（35分） 各自が作成した「用例」を4人班で推敲する。

S （司会）
それでは，調べた語句の意味と対義語と「用例」を発表してください。

S 私が調べた語句は「相違」です。意味は「違いがあること」です。対義語は「類似」です。そして，私が考えた用例は「私と彼は相違する。」「私と彼は類似する。」です。

S 「私と彼は相違する。」という表現はおかしいと思います。何が相違しているのかわかりません。

S （司会）他の人はどう思いますか。

S 同じ意見です。どんな違いがあるのか。何が違っているのかを示した形で「相違」を使う方が伝わりやすいと思います。

S 「私と彼の意見は，かなりの相違点がある。」というのはどうだろう。

S そうですね。主語もはっきりしているし，この方が「相違」の使い方として伝わりやすいですね。

S （司会）
それでは，「相違」の用例についての推敲は終わります。次にその対義語「類似」の用例について話し合いましょう。

（繰り返していく）

❸まとめ（10分） 推敲後の「用例」を清書用紙に記入する。

推敲後の「用例」を清書用紙に記入していく。（資料4　生徒作品参照）

つまずき克服のポイント

　ここでは，「用例」作成上のポイントとして，辞書の「用例」をヒントに，身近なテーマで自作の用例を考えさせた。そのことによって，語句の適切な使い方が実感できる。

つまずき克服のポイント

推敲のポイントを明らかにしたうえで，4人班で話し合わせた。意見交流する中で，自分が担当した語句以外の語句に対しても興味をもつことができる。

・誤字脱字はないか。
・主語述語のねじれはないか。
・文中において適切な表現になっているか。
・個人名を使っていないか。

　ワークシート

❶資料１

対義語辞典を作ろう！

目標
① 対義語（類義語）の意味を理解し、例文を考えることによって、日常生活での会話や文章作成で適切に使用できる力を身につける。
② 辞書を作ることによって、改めて辞書の内容に対する見方を深める。

方法
① それぞれに一つの課題を（語句）を与える。
② 自分の辞書を使って、対義語・意味・それぞれの類義語・意味を調べる。
③ 他の人の辞書を使い、内容を比較してみる。（図書室で他の辞書も活用する。インターネットの使用も可とする。）
④ 各自で例文を考える。
⑤ ４人班で推敲し、適切な例文を作成する。
⑥ 清書する。余白にその語句からイメージするイラストを描く。

実施計画
第一時
言葉に対する意識調査の実施。
本課題の説明を聞く。
課題語句の確認。

方法
①～④の行程を行い、下書きを行う。

第二時
例文について、四人班で推敲する。
清書を行う。
（読みやすい丁寧な文字を書く。細マジックなどで、濃く書く。）

第三時
イラストなどを描き、仕上げる。

第四時
製本。読み合わせをする。印刷
振り返り（意識調査の実施）。

❷資料2

対義語を調べよう！

① 絶対
② 横断
③ 間接
④ 積極(的)
⑤ 拡大
⑥ 長所
⑦ 安全
⑧ 一般
⑨ 延長
⑩ 応答
⑪ 解放
⑫ 感情
⑬ 簡単
⑭ 義務
⑮ 供給
⑯ 具体
⑰ 結果
⑱ 現実
⑲ 困難
⑳ 賛成
㉑ 自然
㉒ 実践
㉓ 失敗
㉔ 手段
㉕ 消費
㉖ 勝利
㉗ 全体
㉘ 相違
㉙ 総合
㉚ 創造
㉛ 損害
㉜ 単純
㉝ 普通
㉞ 内容
㉟ 既知
㊱ 肯定
㊲ 平凡

❸ワークシート1

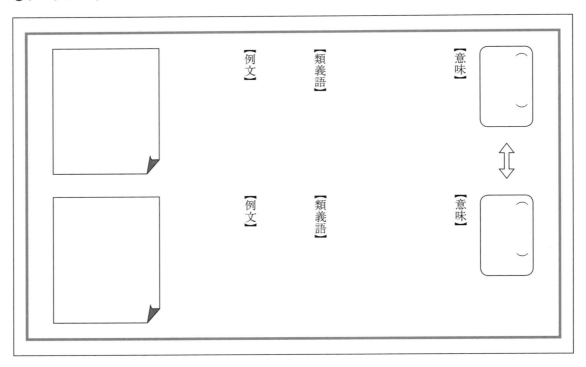

❹資料３

イラストは，身近なものであること。誇張してわかりやすくすること。

❺資料４

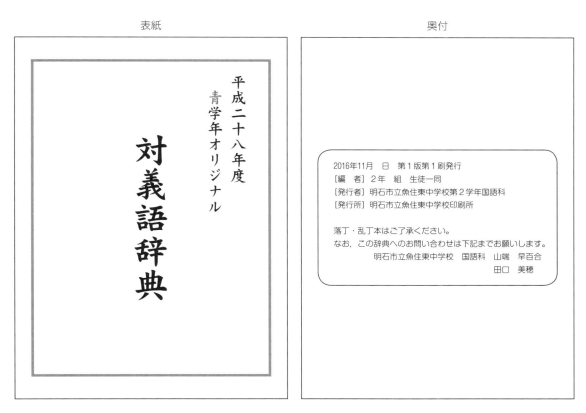

（山端早百合）

第4章　第3学年　国語嫌いな生徒が変わる授業＆評価プラン

1　話すこと・聞くこと　初恋（光村図書）

タブレットを使って話し方（話し合い方）を振り返らせる

1 生徒のつまずきの実態とつまずきを踏まえた言語活動の特徴

> **つまずきの実態**　相手や場に応じて自分の考えを工夫して話し，相手の表現から自分の考えをよりよいものにするように聞くことができない
> **言語活動の特徴**　説明している様子や話し合いの様子を動画撮影し，動画を見ながら振り返りを行う活動

　伝わる話し方をしようと思ったとき，私たちはどんなことに気を付けて話そうと思うだろうか。目線だろうか。抑揚をつけることだろうか。身ぶり手ぶりを加えることだろうか。そして，これらの要素が人に伝わる話し方として効果的であると知ったのはいつだろうか。誰にも習わなくても知っていたなどということは決してないはずである。無意識にしていたことでも，そのように話すのが効果的だと知ったのは，うまく伝わらない事態に直面した際に，どうして伝わらないのか疑問をもつことになったからに他ならない。

　では生徒たちはどうだろうか。友人らと話すときは堂々と雄弁に話す彼らも，相手によっては伝わる話し方ができないことがある。ほとんどの場合友人らと話すときに無意識にできていることでも，それが伝える際に効果的であると知らなければ，自律した表現に変えることは難しい。

　今回はそのつまずきを踏まえ，朗読の様子をタブレットで動画撮影し，その場で振り返ることで自分自身を客観的に評価する活動を位置づけた。何度も見返すことができるため，細かい部分まで注意を向けることができる。加えて，その様子をクラスの仲間が評価することで深く自己を評価することができるようになる。

2 単元目標

①相手や場に応じた言葉遣いについて理解し，適切に使うことができる。

（知識及び技能　(1)エ）

②藤村の恋人への想いを考えて恋文を創作し，それに即した話し方を考えて話し，別の表現から自分の考えをよりよいものにするように聞く。

（思考力，判断力，表現力等　「Ａ話すこと・聞くこと」ウ）

③発表後，動画を確認し，発表の改善点等を話し合ったり提案したりする。

（思考力，判断力，表現力等　「Ａ話すこと・聞くこと」エ）

④話し手の言葉の使い方や効果に気づき自分の表現に生かす。　（学びに向かう力，人間性等）

3 評価規準

①話し方を工夫してより伝わるようにしている。

②自ら言葉の根拠や意味を考え，話し方・聞き方を工夫している。

③グループの話し合いやペアワークの中で自分の考えを率先して伝え，自分の意見と比較しながら仲間の話を聞こうとしている。

4 単元計画（全6時間）

次	時	学習活動	総時間数
一次		学習課題：本文の朗読をしよう	
	1	本文を朗読し，語句や表現に込められた意味を読み取り，藤村の恋人への想いを考える。また，文語特有の表現の特徴を知り，語彙の造詣を深くする。	1
二次		学習課題：時代背景を考えながら，藤村の恋人への想いを恋文にしよう	
	1	文語を用い恋文を創作する。	2
	2	創作した恋文の内容を昭和初期の時代にあった言葉に変える。	3
三次		学習課題：グループで交流しよう	
	1	恋文の表現や視点などの違いを交流し，自分の作品に活かす。	4
	2（本時）	自分の発表する姿を動画で確認し，振り返る。	5・6

本時の流れ（第三次5・6時）

❶**導入（10分）** 本時の目標を確認し見通しをもつ。

T 今日は，完成させた恋文の朗読発表を行います。

T 朗読の仕方を確認しましょう。①はっきりと朗読しましょう。教室のどこにいても聞こえるように声を届かせられるような大きさで朗読してください。②声の高さ，低さ，速さ，遅さを言葉によって選びましょう。今回は恋文を朗読するので，心情を表現するためには声を使い分けて朗読しましょう。③大げさに朗読しましょう。印象が強いほど気持ちは受け取りやすくなります。テレビのバラエティ番組のレポーターなどを参考にしてください。

つまずき克服のポイント

朗読の仕方を復習する際に，黒板かスクリーンで教師が述べる内容を表示しておくか，掲示物を貼り出しておき，課題をはっきりとさせる。

❷**展開（80分）** グループで朗読代表者を決め，全体発表を行う。

T 班内で恋文を発表し合い，代表者を選びましょう。各班にタブレットを配ります。発表の様子を録画し，確認し合いましょう。また，確認の際は動画を再生し，どの部分がよいか修正の必要があるかについて意見を出し合ってください。その後，班内の代表者を選出してください。

つまずき克服のポイント

意見を述べる際には，話し方や視線などについては主観と客観に差が出るため，意見を言う際には動画再生をさせる。班員の指摘と客観的に見る自分の姿があることで，より簡単に自己修正を図ることができる。

S1 恋文を読むとき，恋文をずっと見るのは仕方がないと思うけど，想いが特に込められている部分は顔を上げてみんなを見ながら読めたら気持ちが伝わるような気がする。

S2 覚えている部分はなるべく顔を上げて読んでいるつもりなんだけどな……。

S1 気になったのは朗読の半分くらいのところと最後の方のところあたりだと思うから，確認してみよう。

S2 本当だ。自分ではできていたつもりでも，確認してみると思っていたのとだいぶ違った自分が写っているなあ。

T 班の発表者が決まれば，班で協力して朗読をさらに聞きやすいものにしていきましょう。

今一度，「朗読の仕方」にも注意してみましょう。改めて発見があるはずです。練習は必ず記録し，見返しながら行うようにしてください。

S1　この恋文は静かに読み上げるのがいいと思うんだけど，抑揚が少ないかもしれないな。

S2　派手なリアクションをするわけじゃないけど，読む速さは変えないで声の高さと低さの差を大きくしてみるよ。

T　いろんな読み方のパターンをつくってみましょう。声の質は人の個性なので，個性を生かす読み方を考えてみましょう。

S1　朗読にこだわってみると，何気ない言葉の一つ一つにも気を遣わないといけないんだなっていうのがよくわかるな。

T　そうですね。聞く側も想像することに集中して聞こうとするでしょうし，読み手の言葉のいろんなところが気になってくると思います。その際には具体的な改善点として，提案する人がやってみると実例となってわかりやすくなりますね。

S2　みんなが共通してこうした方が伝わりやすいって思うところが多いっていうのも，おもしろいと思う。読む人の個性は確かにあるんだけど，でも伝わりやすい読み方はみんな似ている部分があるんだなあ。特に「ところが」とか「そして」のような，意味のはじまりや切れ目にあたる接続詞の読み方を工夫すると一気に恋文の雰囲気が変わるように感じる。

T　どうやっても変えられないものが個性と考えると，朗読として工夫できるところはたくさん見えてきますね。

つまずき克服のポイント

　生徒の観察の鋭い点を取り上げる。生徒の意見が批判に偏る場合は，良い点と改善点に分けて意見させるようにする。

T　班の代表の人は前に出て順に発表しましょう。これも録画を行います。発表の様子から気づいたことを書きとめておき，後の意見交流に反映させてください。

つまずき克服のポイント

　タブレットの動画機能を使い黒板に読んでいる姿を提示する。発表の姿を自分自身もクラスも同時に映像で確認ができるため，その場で読んでいる最中にも細かな変更をすることができる。また，発表後すぐに再生でき，拡大もできるので充実した話し方につながる。

❸まとめ（10分）　振り返り活動を行う。

T　ワークシートに自分とグループの感じたところを書き，意見をまとめていきましょう。全体発表の様子をもう一度見たい人は手をあげて知らせてください。

第4章　第3学年　国語嫌いな生徒が変わる授業＆評価プラン　105

T 授業の前と後で話し方・聞き方は変わりましたか？

S 発表のときに細かいところまで気を使うようになった気がします。いままではそんなことは少しも思ったこともありませんでした。特に恋文を読むということで，原稿があるとはいえ，伝えようと思ったところは紙から顔を上げて相手の目を見て話すことが大事なんだなと意識しました。

T 目が合うのと合わないのとでは印象が大きく変わりますね。聞き方の方はどうですか？

S 今，先生が言った目が合うことだったり声の大きさだったりを感じてどこが一番伝えたいところなのかを感じられるようになったと思います。でも，私が一番，聞き方で印象に残ったのは声の速さ・遅さ，高さや低さです。

T なるほど，声の抑揚を変えると特にどんな効果があると感じましたか？

S 例えば……声が高く，速いと緊張している感じがあったり同じ高い声でも弾むように話せば嬉しそうな感じがあったりするように聞こえました。他にも低く遅い声だと怖いような感じがあって恋文には似合わないなと思いました。私は，普通の高さから高いくらいの声で，ゆっくり読んだり速く読んだりするのを混ぜて読んでくれる恋文が一番好きな恋文の読み方だなと思いました。

T 同じように感じた人はいますか？

S 同じように感じました。恋文を読むのとはちょっと違うんですが，緊張して声が裏返ったりするのはさっき言っていたことの極端な例なのかなって思いました。

T 今回発表のときに声が裏返った人はいませんでしたが，緊張で声が裏返るのは，確かにそうかもしれませんね。

S でも，声が低い人の恋文もそれがわざと低い声を出しているんじゃないのがわかっていれば怖く聞こえたりしませんでした。荒げることのない大きな声は逆に落ち着いて読んでいる感じが伝わりました。

T （頷いて）話し方・聞き方を少し意識するだけで大きな変化があるということですね。

つまずき克服のポイント

　振り返り活動のときにもう一度動画が見たい場合があれば確認させる。大きな修正箇所が見つかれば，もう一度時間をとる。

6 ワークシート

発表チェックシート

①声の大きさ

発表前	発表後
良い点	
修正点	

②声の抑揚

発表前	発表後
良い点	
修正点	

③発表時の見た目

発表前	発表後
良い点	
修正点	

全体発表を終えて

良い点	
修正点	

（城間　俊人）

2　書くこと　黄金の扇風機　サハラ砂漠の茶会（東京書籍）

自分の考えを明確にする場を設定した上で他者の考えに向き合わせる

1　生徒のつまずきの実態とつまずきを踏まえた言語活動の特徴

> **つまずきの実態**　異なる考え方を取り入れ，自分の考えを深めて書くことができない
> **言語活動の特徴**　同テーマの2種の文章を読み，比較を意識しながら考えを書く活動

　自分の考えていることだけであれば書き表すことができる。あるいは，ある考え方についてどう思うかを書くことはできる。しかし，異なる2つの考え方にふれたとき，それらを取り入れ自分の考えをまとめることに困難を感じる生徒は多いだろう。同じテーマで異なる考え方が示された文章を読む機会は，中学生の日常生活の中では乏しい。

　そこで，今回は同じテーマについて異なる考えが書かれた2つの文章を読み，そこから自分の考えをまとめる活動を行った。文章の要点やキーワードをおさえることで，複数の文章を比較して読む視点をはっきりさせた。また，1つの文章を読むたびにそれについての自分の考えをまとめさせることで，自分の考えの変化を意識させた。

　思考の段階を分け丁寧に取り組むことで，複数の異なる考えを踏まえながら自分の意見を書くことができる。

2　単元目標

①具体と抽象など情報と情報との関係について理解を深める。　　　　　（知識及び技能　(2)ア）
②表現の仕方を考え，自分の考えがわかりやすく伝わる文章になるよう工夫する。

　　　　　　　　　　　　　　　　　　（思考力，判断力，表現力等　「B書くこと」ウ）
③文章を読んで自分の考えを広げたり深めたりして，自分の考えをもつ。

　　　　　　　　　　　　　　　　　　（思考力，判断力，表現力等　「C読むこと」エ）
④論理的に考える力を養い，自分の思いや考えを広げたり深めたりすることができるようにする。

　　　　　　　　　　　　　　　　　　　　　　　　　　　（学びに向かう力，人間性等）

3 評価規準

①文章を読み比べて，キーワードをもとに，共通点や相違点を見つけている。
②読み比べたことを踏まえて，「美しさ」や「美」について自分の考えをまとめている。

4 単元計画（全3時間）

次	時	学習活動	総時間数
一次		学習課題：異なる考え方を取り入れ，自分の考えを深める	
	1	グループで「美」についてイメージする事柄をあげ，交流し，「美」について自分の考えをもつ。 「黄金の扇風機」を読み，要点をまとめる。 筆者の考えをふまえ，「美」について自分の考えを書く。	1
	2 （本時）	「サハラ砂漠の茶会」を読み，要点をまとめる。 筆者の考えを踏まえ，自分の考えを修正する。	2
二次		学習課題：自分の考えを書く	
	1	「美」について，自分の考えを書き，クラスで交流する。	3

5 本時の流れ（第一次2時）

❶導入（10分）　前時を振り返り，本時の目標を提示し見通しをもたせる。

T　前の時間に，「黄金の扇風機」を読んで，筆者の考えをまとめ，「美」について自分がどう考えるかを書きました。まず，「黄金の扇風機」の筆者の考えはどういうものでしたか。

S　何に美しさを感じるかは地域によって様々である。しかもその感覚は変化していく。特定の見方だけに陥ることなく，心をしなやかにもつことで，新しい美しさに気づくことができる。

T　この考えを踏まえて書いた，自分の意見を発表してください。

S　何に美しさを感じるかは，文化や地域によって異なるものだと筆者は書いていて，私もそうだと思いました。

S　筆者は，美しさは地域によって異なるが，最近は，世界共通になってきていると書いてい

第4章　第3学年　国語嫌いな生徒が変わる授業＆評価プラン　109

て，私もそう思います。

S 「心をしなやかにもつと新しい美しさに気づくことができる」とあったように，私は，美について様々な文化を受け入れて，その地域での美しさに共感できることが必要だと思いました。

T 「黄金の扇風機」の筆者の意見に賛成している人が多いですね。では，本日は，「美」について異なる考え方が書かれた文章を読み，「美」についてさらに深く考えていきましょう。

つまずき克服のポイント

　１つ目の文章について自分の考えをもたせてから，異なる見方の文章を提示することで，新たな発見がしやすくなる。

❷展開（30分）「サハラ砂漠の茶会」の筆者の考えをとらえ，自分の意見を修正する。

（「サハラ砂漠の茶会」を音読）

T この文章で，筆者の考えがまとめられている段落を探しましょう。見つけられたら，ペアで確認してください。

S 「黄金の扇風機」は双括型で，筆者の考えが，初めと終わりにあったけれど。

S この文章は，初めは違うでしょ。12とか13段落じゃない？

S 尾括型の文章かな。だから，最後のほうを見れば……。

T では，筆者の考えがまとめられている段落と，そこに表されている考えを発表してください。

S 13段落の，「美はその垣根を取り払い，『人間は皆同じである』という大切なことを教えてくれるのです。」です。

S 12段落の，「美を共通の体験として人々は，あなたと私は同じ人間なのだ，ということを知ることができる」です。

S 11段落の，「国境や民族，宗教そして思想をも超えて，人間は皆同じなのです。」と，12段落の，「そのことを伝えるのが美の役割です。」です。

T 今あげてくれた部分には，共通する言葉が出てきますね。この筆者の考えを表すキーワードは何でしょう？

S 「人間は皆同じ」

S 「美は共通して体験できる」

T では，キーワードを中心に，筆者の考えをまとめましょう。

S 国や文化などの違いを超えて，人間は同じように美しいと感じる感覚をもっており，美は共通して体験できる。美によって人間は皆同じだと知ることができる。

❸まとめ（10分）　2つの文章から考えたことをもとに，自分の考えをまとめる。

T　「黄金の扇風機」のキーワードは何でしたか。

S　「美は地域や文化によって異なる」

S　「心をしなやかにもつこと」で「新しい美しさに気づく」

T　2つの文章の相違点，そして共通点について，ペアで話し合いましょう。

S　美は「異なる」と「共通する」が違うところだ。

S　共通しているところは，ある？　反対のことが書いてあるけれど。

S　「黄金の扇風機」も新しい美しさを受け入れることが必要とあるから，みんなに美がわかるというところは同じかな。

つまずき克服のポイント

キーワードをもとに2つの文章を比較させることで，視点をしぼる。

T　では，「サハラ砂漠の茶会」の文章を読み，「美」について，あなたが考えたことを書きましょう。

T　異なる意見の文章を読んで，自分の考えはどう変化しましたか。振り返りを書きましょう。
　　（振り返りを紹介する）

S　「黄金の扇風機」では「美」は個人的なもののような感じがした。しかし，「美」は人の違いに関わらず，すべての人が共有できるものであるという「サハラ砂漠の茶会」を読み，「美」は皆のものであるというふうに感じ方が変わった。

S　文化によって「美」が違っていても，世界共通で感じられると思います。日本の伝統文化の和食や着物が，日本だけでなく海外からも美しいとされているからです。

S　ものの見方は地域によって違うかもしれないけれど，本当に美しいものは誰もが共感してわかり合えると思う。

S　「黄金の扇風機」と「サハラ砂漠の茶会」で，「美しさ」に対する2つの考えは異なると思っていた。でも，「美しさ」の基本になる部分は同じで，そこに地域や文化が影響しているので，根本的なところは同じ考えじゃないかと思うようになった。

T　それでは，ここまで考えてきた自分の意見を，次の時間は文章にまとめましょう。

第4章　第3学年　国語嫌いな生徒が変わる授業＆評価プラン　111

6 ワークシート

❶ワークシート

三年（　）組（　）番　名前（　　　　　）

美とは……
自然などの、みんなが見て「きれい」「感動した」と思うもの。

「黄金の扇風機」
・筆者の考え　③、⑯、⑰
「何に美しさを感じるかは、文化や地域によってさまざまであり、しかもその感覚は変化していく。」
「特定の見方だけに陥ることなく、心をしなやかにもつことで、新しい美しさに気づける。」

筆者の言うように、確かにその人の生まれた地域では、普通に美しいと言われるものなのに、外国の人から見ると、「そうは思わない」というものもあると思う。そういったものに出会うと、自分の物の見方も変わると思う。

「サハラ砂漠の茶会」
・筆者の考え　⑪、⑫、⑬
「さまざまな違いを超えて、人間は同じように美しいと感じる感覚をもっており、美は共通して体験できるものだ。」
美によって、←　人間は皆同じだと知ることができる。

美は見るだけのものだと思っていたけれど、「サハラ砂漠の茶会」を読み、体験して美を感じることもできるのだと思った。その国の美を体験すれば、外国の人も、それを理解できるのではないかと思う。

異なる意見の文章を，順番にまとめ，それについての自分の考えを書く。

はじめに，美についてのイメージをまとめる。

7 評価のポイント

❶Aの評価例

> 2つの文章の考えをもとに、自分が「美」についてどう考えるかを書くことができている。

「黄金の扇風機」に書かれているように、確かに、その地域では美しいとされていても、外の地域の人から見ると、「そうではない」と思うものもあるだろう。しかし、筆者は「感覚は変化する」と言っている。そして、「サハラ砂漠の茶会」で、美は共通して体験できるものだと思った。その地域の美を体験すれば、外国の人でも、その国の美を理解できるのではないかと思う。

❷Bの評価例

> 2つの文章を比べ、どちらかによった自分の考えを書いている。

「黄金の扇風機」では、「美」は文化や地域によってさまざまで、「サハラ砂漠の茶会」では、「美」はすべての人が共有できるとあったが、私は「黄金の扇風機」のほうがあてはまると思った。
理解しがたいこともあるし、感覚の違いがあると思うので、「人間は皆同じだと知ることができる」と筆者は言っていたが、同じだとは考えられない。

❸Cの評価例

> 2つの文章の考えを列挙し、感想を述べるにとどまっている。

「黄金の扇風機」では、筆者は、美は文化や地域によってさまざまで、心をしなやかにもつことで新しい美しさに気づくことができると言っている。
しかし、「サハラ砂漠の茶会」では、国や文化の違いを超えて人間は同じように美しいと感じる感覚をもっており、その美によって人間は皆同じと言っている。その美の見方は皆同じということがすごいと思う。世界共通で、美の見方は皆同じということがすごいと思う。

最初はこのような例が多く見られる。

（井上　優子）

第4章　第3学年　国語嫌いな生徒が変わる授業&評価プラン　113

3 書くこと　慣用句・ことわざ・故事成語（光村図書）

モデル文の検討と，付箋を用いた推敲の活用

1 生徒のつまずきの実態とつまずきを踏まえた言語活動の特徴

> **つまずきの実態**　体験と結びつけて，わかりやすく書くことができない
> **言語活動の特徴**　「ことわざ」と「体験」を結びつけて２段落で書く活動

　「内容が変わったら改行し，段落を改めましょう」と指示しても，どこが内容の変わり目なのかが理解できない生徒がいる。また，「段落のまとまり」が理解できていないため，一文ごとに改行する生徒がいる。このようなつまずきに対して，どのような支援が必要であろうか。

　兵庫県教育委員会が実施したつまずきの実態調査において，小学校では「文や文章の構成・構造をとらえること（読むこと）」，また「自分の考えを明確にするため，主語と述語のつながりや文の構成等を考えること（書くこと）」に課題があることが明らかになっている。また，中学校では，「論理の展開や場面の設定の仕方をとらえて読むこと（読むこと）」，また「論理の展開を工夫し，複数の条件を踏まえて書くこと」に課題があることがわかった。

　この分析結果から見えてくるのは，「論理の展開や構成をとらえること」に小中共通のつまずきがあり，その結果，筋道立てた論理的な文章を書けない児童生徒がいるということである。つまずきの改善を図るには，つまずきの実態把握とそれを踏まえた系統的な指導が求められる。

　本実践では，「構成を工夫して書いたり，複数の条件を踏まえて書いたりすることができない」というつまずきの解消を図り，「効果的な伝え方を工夫して，説得力のある文章を書くことができる」ようにすることを目標としている。

2 単元目標

①社会生活で用いられる「慣用句・ことわざ・故事成語」について理解を深めるともに，我が国の言語文化に慣れ親しむ態度を育む。　　　　　　　　　　　（知識および技能　(1)イ）

②ことわざと体験を適切に引用・関連づけて，わかりやすい文章を書く。また，目的や条件に合った表現になっているかを確かめて，文章全体を整える（推敲）。

（思考力、判断力，表現力等　「Ｂ書くこと」イ・エ・オ）

③我が国の言語文化に関わり，思いや考えを進んで表現しようとする態度を養う。

（学びに向かう力，人間性等）

3　評価規準

①「慣用句・ことわざ・故事成語」に関心をもち，進んで身につけようとしている。

②「ことわざ」にふさわしい「体験」を選び適切に関連づけて２段落構成の文章を書いている。

③「慣用句・ことわざ・故事成語」を用いて短文や作文を書き，自分の思いをわかりやすく表現している。

4　単元計画（全2時間）

次	時	学習活動	総時間数
一次		学習課題：「慣用句・ことわざ・故事成語」について理解しよう	
	1	「慣用句・ことわざ・故事成語」の成り立ちや意味，用法について理解する。	1
二次		学習課題：ことわざと体験とを関連づけて，筋道の通った文章を書こう	
	1（本時）	「ことわざ」と「体験」とを関連づけて，２段落構成の作文を書く。	2

5　本時の流れ（第二次1時）

❶導入（10分）　既習事項の確認をする。→本時の目標を提示し，見通しをもたせる。

　※「ことわざ・慣用句・故事成語」の中から幾つか取り上げ，既習事項の確認をする。

Ｔ　今日は，日常生活でよく用いられる「ことわざ」を題材に200字作文を書きます。

Ｔ　条件は2つです。

　　①「ことわざ」と「体験」を結びつけて，２段落構成で書くこと。

　　②180字以上，200字以内でまとめること。

　※詳しいことは後で説明するので，２つの条件を板書（または掲示）する程度で良い。

Ｔ　まずは，「ことわざ」を１つ選びます。この後，体験と結びつけて作文を書きますので，

第4章　第3学年　国語嫌いな生徒が変わる授業＆評価プラン　115

「そういえばこんな体験をしたことがあるな」と感じるような，身近な「ことわざ」を選ぶようにしましょう。

T　続いて，選んだ「ことわざ」の意味やそれに込められた教訓について調べてみましょう。

※辞書を事前に準備しておく。調べた内容はワークシート１に記入させる。

T　「ことわざ」には，多くの場合「こんなことをするとこんな問題になるよ」とか「こういう良いことがあるよ」といった教訓が込められていますから，その内容も踏まえながら，「ことわざ」と結びつく具体的な体験を考えてみましょう。自分が経験した体験がどうしても思いつかない場合は，親しい人から聞いた話やニュース等での出来事を書いてもかまいません。

※時間がかかる生徒には，別の「ことわざ」への変更，体験例の幾つかの例示を行う。

❷展開（30分）　モデル作文を参考に，段落構成を考える。→「書き出し」「結び」の一文を考える。→下書きする。→推敲する。

T　今から，「ことわざ」と「体験」を関連させて２段落構成の作文を書きます。「ことわざ」と「体験」，どちらを最初にもってくると良いでしょうか。２つのモデル作文を提示しますので，説得力があるのはA・Bどちらか，考えてみましょう。

※ワークシート２を配付し，A「体験が先，ことわざが後」，B「ことわざが先，体験が後」の２通りのモデル作文を読ませ，ペアで意見交換させる。（ワークシート１に意見を記入）

つまずき克服のポイント

　体験を初めに書くAパターン，体験を後に書くBパターンの２つの作文を比較させることにより，展開や構成の検討が重要であることに気づくようになる。

　また，「体験」と「ことわざ」をどのように関連させるか，主張（考え）をどこにもってくるかを考えながら文章を書くようになる。

T　「Aパターン（体験が先，ことわざが後）の作文の方が，説得力があった」と思う人？理由を発表してください。※挙手させる。Bパターンも同様に尋ねる。

【Aの意見】

S　Aの方が，体験は体験，「ことわざ」は「ことわざ」と，段落の内容がはっきり分かれていてわかりやすいからです。

S　Bの場合体験の後に自分の意見を書かなくてはいけないから後半の文章が長くなってしまうけど，Aだと「ことわざ」とからめて自分の考えが書けるのですっきりするからです。

【Bの意見】

S　「ことわざ」とその意味から始まるので，何を書くのか読み手に伝わりやすいからです。

※この時点で結論づける必要はないので,それぞれの意見の良いところのみ確認する。
T では,自分が決めた構成のパターンに沿って,下書きをしてみましょう。(約10分)
　※時間の余裕があるようなら,書き出しと結びの一文を考えさせてから取り組ませる。
　※読み手を引きつけるような印象的な書き出しになるよう助言したい。
T ここで,一度書いた文章を推敲してみましょう。
　【推敲の観点】
　　①誤字・脱字はないか　　　　　②語句の係り受けは適切か
　　③文末表現は統一されているか　④条件に合った内容・構成になっているか
❸まとめ(10分)　下書き原稿を互いに読み合い,良い点や改善点について評価し合う。
T 下書きの作文を班の友達と読み合い,良い点や改善点について話し合いましょう。気づいたことは付箋にメモをして,ワークシートに貼り付けましょう。また,コメントの最後には,記入者の名前も書きましょう。
　※友達の作文と比較することで自分の課題を見つけることや良い所をまねて文章を改善することが目的なので,具体的な評価・コメントを記入するように助言する。誤字・脱字や表現の訂正は赤ペンで直接記入すること,良いところには波線等を引くように指示をする。

つまずき克服のポイント

班活動を取り入れ,良い点や改善点を話し合わせることにより,より良い文章を書こうという意識が高まる。また,人によって構成や論理の展開が異なるので,構成次第で読み手の印象が変わること,説得力に差が出ることなどを実感できる。作文が完成してからグループで評価・交流させてもよいが,下書きの段階に推敲活動を取り入れ,友達の意見を聞く方が,自分の文章の良い所・課題を見つけられるため,改善につなげやすい。

誤字や脱字は,推敲記号を使って直接記入させる。

付箋に,良かった点や改善点を直接書き込み,評価し合う。

時間があれば引き続き清書と振り返りをする。

● 生徒の作文（下書き）

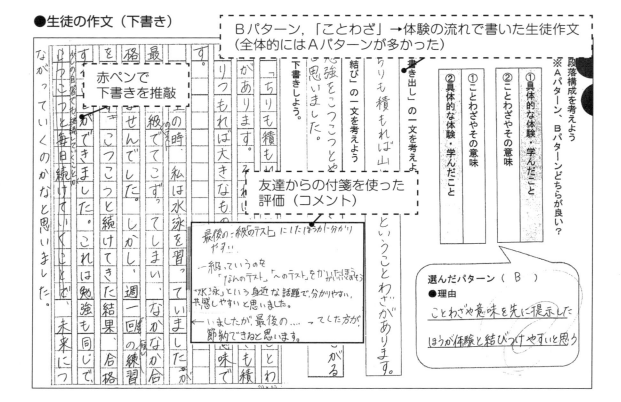

● 生徒の作文（清書）

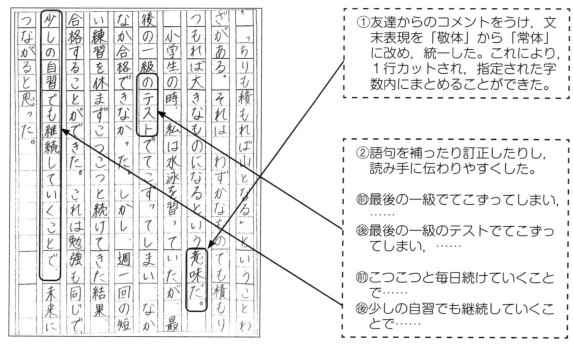

6 ワークシート

❶ワークシート1

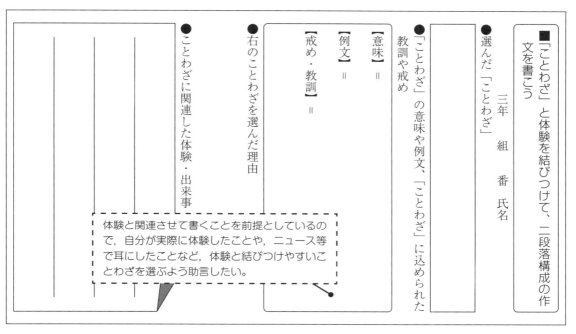

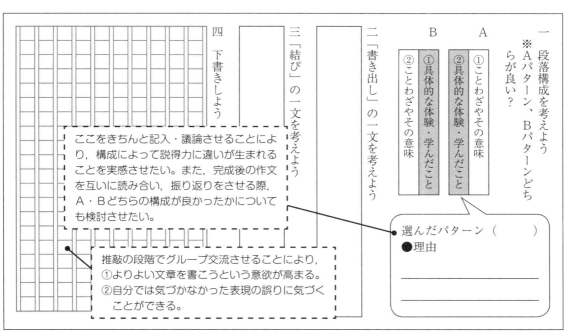

❷ワークシート２

【参考】
「船頭多くして船山に上る」

◎意味＝一そうの船に何人も船頭がいたら、船は山に登ってしまうようなおかしな方向に進んでしまうことから、指図する人ばかりが増えて物事が見当違いの方向に進んだり、うまく運ばないことをいう。船頭多くして船山に上るで、統率がとれない可能性がある。

※用例＝あのチームには優秀な人材ばかりが揃ったが、それぞれリーダー的な要素が強いため、案外うまくいかないかもしれない。

○体験…秋祭りの準備の日、御輿の組み立てを手伝うことになった。たくさんの大人が集まって別々の指示をした。結果、早く終わる予定の作業が、かえって長くかかってしまった。

○考え…一人の人が指示を出す方が、指示が通りやすく、効果的なこともある。会社の社長や生徒会の会長も同じではないか。

> 重要！　「体験」と「考え（主張）」をしっかり関連づけておくことが大切。

■構成を考える【Aパターンが良いか、Bパターンか】

Aパターン（第一段落に体験がくる場合）

　秋祭りの準備の日、僕たち中学生は、みこしの組み立てに駆り出された。だが、指導に当たる大人が多くおられ、個々に異なる指示を出されるので、どう動けば良いのかわからず、結局作業に長い時間がかかってしまった。
　「船頭多くして船山に上る」ということわざがあるが、指図する人が多すぎると、かえって物事がうまく運ばないということを実感した。会社に社長が複数存在しないのは、そういうことも関係しているかもしれない。

Bパターン（第二段落に体験がくる場合）

　「船頭多くして船山に上る」ということわざがある。指図する人が多いと、かえって物事がうまく運ばないことのたとえだ。
　秋祭りの準備の日、僕たち中学生は、みこしの組み立てに当たる大人が多くおられ、個々に異なる指示を出されるので、どう動けば良いのかわからず、結局作業に長い時間がかかった。会社に社長が複数いないのは、こういう理由もあるのかもしれないと感じる出来事だった。

> 比較する（読み比べる）ことで違いがわかる！　同じ内容でも，構成によって読み手に与える印象や説得力は違ってくる。

❸ワークシート３

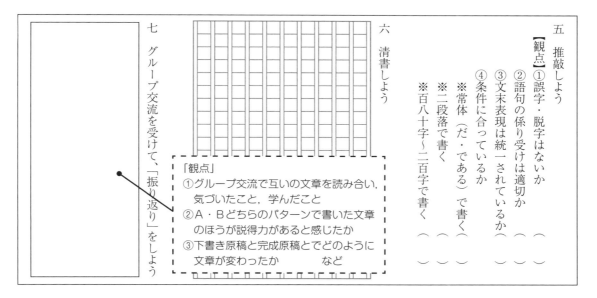

7 評価のポイント

「中学校学習指導要領解説国語編」では、「思考力，判断力，表現力等　B　書くこと」における内容を以下のとおり示している。（下線部は筆者。一部のみ引用）

---

(1)書くことに関する次の事項を身に付けることができるよう指導する。
　イ　文章の種類を選択し，多様な読み手を説得できるように論理の展開などを考えて，文章の構成を工夫すること。
　エ　目的や意図に応じた表現になっているかなどを確かめて，文章全体を整えること。
　オ　論理の展開などについて，読み手からの助言などを踏まえ，自分の文章のよい点や改善点を見いだすこと。

本実践では「文章の構成を工夫すること」「文章全体を整えること（推敲）」「読み手からの助言などを踏まえ，自分の文章のよい点や改善点を見いだすこと」の３点で評価したい。
　A　「ことわざ」と「体験」を適切に結びつけ，筋道の通った文章を書いている。
　B　「ことわざ」と「体験」は関連しているが，論理の展開に無理・矛盾がある。
　　　「ことわざ」と「体験」は関連しているが，表記の誤り，文体の不統一が見られる。
　C　「２段落構成で」または「180字〜200字で」という条件を満たしていない。

（西山佳代子）

4　読むこと（文学的な文章）　故郷（東京書籍）

多様なグループ活動で課題についての考察を深めさせる

1　生徒のつまずきの実態とつまずきを踏まえた言語活動の特徴

つまずきの実態　場面の展開を捉えながら文章全体のつながりを考えることができない

言語活動の特徴　異なる課題についてグループで考え，話し合うことで主題に迫る活動

　『故郷』は，個人と社会との関係性にまで視野を広げて読み取らなければならない教材である。舞台となる国や時代，人々の生き方への理解がなければ，文章全体がさらに難解に感じられ，「内容が頭の中にすっと入ってこない」という感想を口にする生徒も少なくない。物語終盤に，すさんだ気持ちで故郷をあとにしようとする主人公の「私」が，若い世代の甥の「ホンル」たちの様子に，はっとさせられ，新たな気持ちで前に進もうとする場面がある。そこに登場するのが，「希望」というキーワードである。「私」がどきっとした理由から作品の主題に迫りたいところだが，それ以前に話の内容をつかむことに大きな壁を感じる生徒がいるのが現状である。まずは，「文章を話のまとまりごとに整理しながら，丁寧に読んでいく必要」がある。

　平成27年度実施の「ひょうごつまずき状況調査」の生徒質問紙調査の結果によると「あなたは，国語の授業で文章を読むとき，段落や話のまとまりごとに内容を整理しながら読んでいますか」という質問に対して，「そうしていない」という生徒の割合が，学年が上がるにつれて増えていく傾向にある。学年が上がるにつれ，文章の質も上がってくる。ますます深く丁寧な読みが必要な時期に，文章をじっくりと読むことを避ける傾向が強まるとすれば，これらの読みの浅さが，3年生でのつまずきにつながるのではないかと考えられる。そこで，グループ活動を取り入れ，様々な観点から作品の主題に迫ることで学びに向かう態度を支えていくことにする。

2　単元目標

①古風な言葉などについて，文脈に注意しながら意味を理解し，語感を磨く。

（知識及び技能　(1)イ）

②場面の展開と人間関係の変化を捉えて，作品を読み深める。

　作品を読んで，社会の中で生きる人間について考え，自分の意見をもつ。

（思考力，判断力，表現力等　「Ｃ読むこと」エ）

③課題について考え，話し合うことで魯迅の伝えようとしたことをつかもうとする。

（学びに向かう力，人間性等）

3 評価規準

①古風な言葉などについて，文脈に注意しながら意味を理解し，語感を磨いている。

②場面の展開と，個々の人物の特徴や人間関係の変化を捉え，主題に迫っている。

　登場人物の生き方に触れながら，社会の中で生きる人間の姿について，感じたことや考えたことをまとめている。

③課題について考え，自分の読み取りをワークシートにまとめ，話し合いに参加している。

4 単元計画（全6時間）

次	時	学習活動	総時間数
一次		学習課題：全文を音読し，初発の感想を交流しよう	
	1	全文を通読し，初発の感想をノートに書き，意見交流をする。	1
二次		学習課題：登場人物の行動描写から心情を捉えよう	
	1	帰郷時，「私」が感じた故郷の雰囲気や「私」の心境を捉える。	2
	2	故郷の人々の過去と現在を捉え，ルントーと「私」の関係の変化について考える。	3
	3・4（本時）	選んだ課題について考え，話し合うことで魯迅が伝えようとしたことをつかむ。	4・5
三次		学習課題：作品の構成について考え，読み取りを整理しよう	
	1	社会の中で生きる人間の姿について考えたことをまとめる。	6

第4章　第3学年　国語嫌いな生徒が変わる授業＆評価プラン　123

5 本時の流れ（第二次3・4時）

❶導入（10分）　本時の目標を提示し見通しをもたせ，全員で音読をする。

T　前回の学習内容を振り返りましょう。故郷の人々の過去と現在，ルントーと「私」の関係の変化についてわかったことを振り返ってみましょう。隣の人と確認し合いましょう。

S　（ノートに記録した学習内容を互いに確認し合うことで，前時の学習を思い出す）

T　「第1場面（帰郷の船中）」から「第3場面（ルントーの思い出の回想）」の「この少年がルントーである。」までを全員で音読しましょう。多少速いくらいのペースで，なおかつ声を揃えて読んでいきましょう。
　　（注目すべき箇所を繰り返し音読させることで考えるヒントを与える）

S　（全員で音読する）

T　「第6場面（離郷の船中）」の「希望という考えが」から最後までを全員で音読しましょう。

S　（全員で音読する）

T　「第6場面（離郷の船中）」をペアで音読する。

S　（ペアで音読する）

T　最後の段落「まどろみかけた」から最後までを全体で音読しましょう…など。
　　（指示をテンポよく出すことがポイントとなる。「念のために」などの声かけを添えながら，繰り返すとよい。範読，個人，ペア，全体，部分の繰り返し音読など，教室の様子を見ながら，たっぷり取り入れる）

T　今日から2時間は，課題ごとにグループに分かれ，考えていきます。互いに整理し，まとめたことを交流し合いながら，学習目標の「課題について考え，話し合うことで魯迅が伝えようとしたことをつかむ」にたどり着きましょう。

S　（本時の学習目標を確認し，ノートに書く。机の移動をし，グループを作る）

❷展開（80分）　選んだ課題について考え，話し合う。

T　今から示す3つの課題から1つを選び，各グループごとに考えていきましょう。ある程度整理できたら，各グループをバラバラにし，異なる課題ごとにグループを作り交流していきます。そして，複数の視点から『故郷』という小説の主題に迫ります。では，自分たちのグループがどの課題について考えていきたいか話し合いましょう。

S　（各グループでどの課題を考えていきたいか話し合う）
　※話し合いの上，3つの課題を考えるグループを均等に作る。

S　（グループごとに必要に応じて，音読し合い，意見交換しながら，ワークシートに書き出していく）

T　（進み具合に応じて考えるヒントを与える）

つまずき克服のポイント

常に作品の主題（作者が伝えようとしていること）が何なのかを考えながら，交流するように指示する。

《選択課題A》 登場人物の関係性や変化から読み解く。
　ワークシートに登場人物の相関図を作り，人間関係を整理しながら明らかになることをまとめる。

つまずき克服のポイント

人間関係の変化に着目させる。
・作品中に主要な人物が何人か登場する場合，それぞれの人物には異なった設定がされていることが多い。
・人間関係の変化を捉え，その背景や理由を考えることで主題に迫ることができる。
〈例〉ルントーの変化，思い出の中のルントー，再会した現在のルントー・ヤンおばさんの変化，ホンルとシュイションの関係　など

《選択課題B》 第3場面と第6場面に登場する金色の丸い月の照らすものから考える。
　2つの「金色の丸い月」の下に映し出された光景から，作者の思いをワークシートにまとめる。

つまずき克服のポイント

「どちらにも共通するもの」と「共通しないもの」を整理し，違いを明らかにしながら，作者の思いに迫らせる。
〈例〉第3場面（ルントーの思い出の回想）

・思い出の中の「月」
　　紺碧の空に金色の丸い月　　　　　　突然脳裏に不思議な画面
　　30年前のルントー　　　　　　　　海辺の砂地　　すいかや「チャー」
　　ルントーの心は神秘の宝庫　　　　美しい故郷
　第6場面（離郷の船中）

・故郷を離れる私が見た「月」　　　　まどろみかけた私の目に
　　紺碧の空に金色の丸い月　　　　　　海辺の広い緑の砂地

《選択課題C》 「ルントー」の望むものと「私」の望むものを比較して考える。
　それぞれの望むものを比較しながら、見えてくるものをワークシートにまとめる。

つまずき克服のポイント

　それぞれの望むものの違いと共通点をワークシートにまとめさせる。
〈例〉・「ルントー」の望むもの　…　香炉と燭台　←　偶像崇拝
　　　・「私」の望むもの　　　……　若い世代が新しい生活を持つこと
　　　　　　　　　　　　　　　　希望　←　手製の偶像にすぎない？

T　では、異なる課題のグループを作り、それぞれについて考えたことを交流しましょう。
S　（異なる課題のグループで互いにまとめたことや考えたことを交流し合う）
　※この際にも友達の意見はワークシートに色ペンで書き込んでいく。
T　元の同じ課題のグループに戻り、異なる課題のグループでの交流で得た考えと、それに対して自分が考えたことを交流し合い、自分たちの考えを整理し、発表の準備をしましょう。

つまずき克服のポイント

　元の班に戻って説明する際には、異なる課題での交流で出た意見をそのまま伝えるのではなく、共通点をまとめたり、自分の考えを付け加えたりするように指示する。

S　（元のグループに戻り、得た学びを交流する。この際も、互いの意見をメモし合う）
T　グループの考えのまとめ発表です。各グループの代表者は前に出て、発表しましょう。
S　（まとめたワークシートを書画カメラで拡大しながら、自分たちの考えを説明していく）
T　発表内容をワークシートにメモしながら聞きましょう。他のグループと共通している考えや、交流の中で新たに考えたことなどを意識して説明するようにしましょう。そして、魯迅が読み手に伝えようとしてことが何であったかを整理していきましょう。
S　（各グループごとに代表者が発表する）

❸まとめ（10分）　グループ交流の内容を整理し、魯迅が伝えようとしたことについて考えたことをまとめる。
T　発表がすべて終了しました。各自のワークシートの内容を整理していきましょう。友達から得た考えは、ぜひ書き加えておきましょう。
T　ワークシートの今日のまとめ欄に書き込んでいきましょう。自分が考えたことや考えの深まったことをたっぷりと書き、今日の学びを整理し、振り返りましょう。

6 ワークシート

❶ワークシート記入例

《課題B》 第3場面と第6場面に登場する金色の丸い月の照らすものから考える。

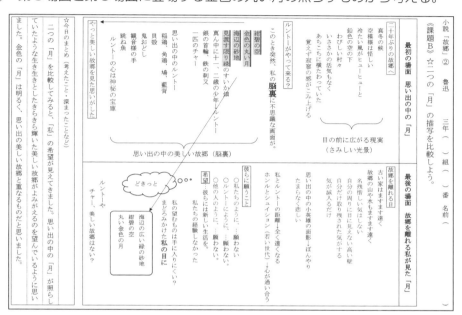

《課題C》 「ルントー」の望むものと「私」の望むものの比較から考える。

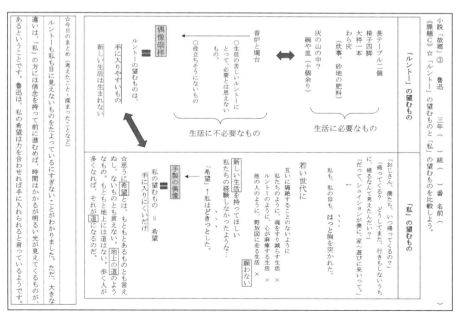

❷生徒のワークシート例

課題A

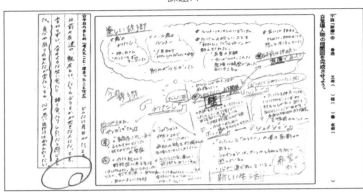

人物関係を整理していく中で、「美しい故郷」や「新しい生活」、「希望」というキーワードを捉えられている。また、自分や周りの変化、それを受け入れることに戸惑う「私」の思いが整理され、主題に迫ろうとしている。

課題B

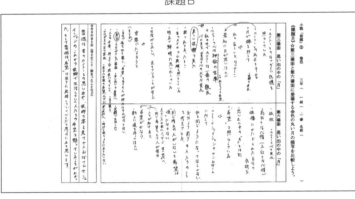

第3場面の「月」との比較を通して、第6場面の「月」の照らすものが「希望」だと捉え、同じ「希望」をもつ人が集まっていくことで「道」ができていくという「私」の考えにたどり着いている。

課題C

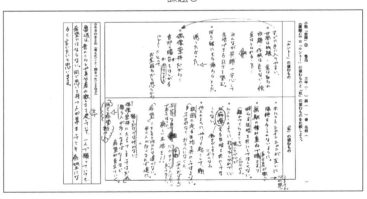

「ルントー」と「私」の望むものを比較し、整理していくことで「新しい生活」、「希望」をより多くの人がもつべきだという「私」の考えを捉えることができている。

ポイント 「今日のまとめ」が作品の主題に迫る内容になっているか。

7 評価のポイント

❶課題A　生徒作文例

　『故郷』の登場人物の心情の変化には，深く共感できる部分が多くありました。第1・2場面での「私」の心情はとても重く苦しく，文中にも寂寥の感が胸に込み上げたとあるように悲しい心情でした。しかし，第3場面では「私」と「ルントー」との思い出が背景となり第1・2場面とは打って変わって「私」の心情は美しい故郷を思い出して懐かしい気持ちでいます。私たちの生活の中でも，昔のことを思い出し懐かしく思うことがあるので共感できる場面です。次に，第4・5場面では「ヤンおばさん」の態度の変化から，故郷がどれだけ変化してしまったのかということや，「ルントー」との再会で「私」と二人の心情の変化が大きく描かれています。また，「ルントー」との再会では身なりや，口調の違いからとても悲しい心情になったはずです。
　そして，第6場面では悲しい気持ちを抱えたまま引っ越しを始め，たくさんのことを考えているうちに，自分が他人の希望を強く願っていて，そんな自分の変化に気づき，改めて「私」が希望について考えるという，『故郷』において，最も心情の変化が見られ，共感できる場面であると思います。第1・2場面の「私」からは考えもつかないような希望を考えるという心情となっており，私たちでも自分が思いもしないことに気づき，改めて他人の大切さを知ることがあるので共感できます。このように，『故郷』は情景描写と登場人物の心情の変化が重なり，より色濃く心情について書かれていると思います。

> 登場人物の「昔」と「今」の関係性を明らかにしながら，「希望」という主題に迫ることができている。

❷課題B　生徒作文例

　この小説には，どんなに絶望しても，どこかに一つは希望が残っているということが感じられるものがある。20年ぶりの故郷は，「私」が思っていたものと全く違っていた。ヤンおばさんも昔とは想像もつかないくらいに変わり果てていた。さらに，ルントーとの間にも厚い壁ができてしまい，希望も失いかけていた。でも，ホンルやシュイションは互いに心が通い合っていて，お互いを慕っていた。そんな二人を見ていると，ふと，「私」は若い世代が自分たちのような生活をせず，自分たちで新しい生活を築いていってほしいと願っていることに気づいた。「私」は，自分の中に小さな希望を抱いたのだと思う。希望は，何か大切なものを失ったからこそ，強く思えるのだと考えさせられた。「第3場面と第6場面に登場する金色の丸い月の照らすものから考える」の課題について詳しく読み取りながら，「月」が象徴しているものは「私の希望」なんだという考えにたどり着きました。

> 金色の丸い月に照らされた情景や心情を読み取ることで，「月」が象徴しているものから主題に迫ることができている。

❸課題C　生徒作文例

　「ルントー」の望むものと「私」の望むものを比較する課題に挑戦した。読み解きながら，「なぜ私たちはこの教材を扱っているのか。」ふと考えた。まず一つ，この教材を通して私たちに希望，過去について学んでほしかったのではないか。私は，希望を持っていないと思う。しかし，この小説の最後を読むと，もともと持っていないとは限らないと気づいた。だれしも希望を心の奥底に持っているかもしれない。それをその人が希望だと自覚することによって希望になるのだと思う。だから何だと思うかもしれないが，深く考え，自分の希望は何なのか見つけていこうとすることが楽しく意味があるのだと思う。
　そして，過去。過去は思い出にすぎず，変えられないものだろう。だから，「私」は今と昔を比べても仕方がないのだと教えてくれている。心境を捉えていくと，「私」は故郷が昔と違うからと拒否する。しかし，人と接していくと受け入れ失望するも，最後は次の世代に希望を持ち明るい気持ちで終わっている。私たちは，若い世代なのかもしれない。「私」の希望どおり，後悔しない新しい生活を送ろう。「私」のように前を向いていこう。これが「故郷」について登場人物を見つめての私の気持ちである。

> 「私」と「ルントー」の望むものについて比較しながら，「私」の希望が何かをつかみ，主題に迫ることができている。

| ポイント | 分担し合った課題について考え，話し合うことで文章を精読し，登場人物の行動描写を読み解こうとする。そのことが心情を捉えることにつながる。さらに，それらを文章化し，整理することで読み取りをより確かなものにする。 |

(西田　美和)

第4章　第3学年　国語嫌いな生徒が変わる授業&評価プラン　129

5 読むこと（説明的な文章） 間の文化（三省堂）

本論の内容から結論を推論させる

1 生徒のつまずきの実態とつまずきを踏まえた言語活動の特徴

> **つまずきの実態** 筆者の論理の展開の意図を読み取ることができない
> **言語活動の特徴** 筆者の「本論」の事例から「結論」を推論する活動

　中学３年生にもなると，文章の構成はほぼ理解できており，どの場所にどのような要素の内容が書かれているかを推測しながら読むことはできる。しかし，「本論」の事例から「結論」にいたる整合性まで意識して読む中学生は少ない。そのため，今まで読んできた「序論」や「本論」などの関係性を無視して「結論」に書かれてある言葉だけを受け取り，その文章の内容を理解したと錯覚してしまうことが多い。

　本実践では，そのつまずきを解消するために，「本論」（主張の根拠となる部分）から，筆者の主張を推測させる言語活動を行った。文章を３つに分け，「本論」部分だけを提示することにより，自然と「本論」に根拠を求め，筆者の主張を導き出さなければならないようにした。これは「本論」と「結論」の関係性や整合性を考える言語活動である。そして，学習後に，学んだ論理展開を用いて，作文する活動を用意し，筆者が文章を生み出していく過程を疑似体験できるようにした。この疑似体験により，「本論」と「結論」の関係性が内容の理解に役立つということを実感することとなる。

2 単元目標

①意見と根拠，具体と抽象など情報と情報との関係について理解する。（知識及び技能　(2)ア）
②文章の構成や論理の展開，表現の仕方について評価する。

（思考力，判断力，表現力等　「Ｃ読むこと」ウ）
③言葉がもつ価値を認識するとともに，読書を通して自己を向上させ思いや考えを伝え合おう
　とする態度を養う。　（学びに向かう力，人間性等）

3 評価規準

①作文の「本論」から「結論」の展開が整合性が取れているものになっている。

②「本論」から「結論」の展開を自分の根拠に基づいて導き出すことができている。

③グループの話し合いやペアワークの中で自分の考えを率先して伝え，自分の意見と比較しながら仲間の話を聞くことができる。

4 単元計画 （全6時間）

次	時	学習活動	総時間数
一次		学習課題：「本論」から「結論」を推測しよう	
	1	「本論」を「事例」と「まとめ」に分け，その中の「事例」部分だけを配付する。その事例をキーワードでまとめ，本論の要旨をつかむ。	1
	2（本時）	「本論」の「まとめ」部分を配付し，そこから「結論」にいたる展開を推測する。（p.135・136ワークシート1・2を使用）筆者の文章の展開とグループの推測を比較検討する。	2
二次		学習課題：学習した説明文の形式を使って「高校の志望理由」をテーマに作文を書こう	
	1	キーワードを使って構成表を完成する。	3
	2	構成表をもとに下書きを行う。	4
	3	下書きを推敲し，丁寧に清書する。	5
	4	クラスで互いの作品を交流する。	6

5 本時の流れ （第一次2時）

❶導入（10分）　本時の目標を提示し見通しをもたせ，グループで「まとめ」から「結論」の展開を推測する姿勢をつくる。

（p.135ワークシート1を使用）

T　今日は筆者の「本論」の「まとめ」から「結論」を推測します。まずは筆者の論理を考えてみましょう。筆者は「間の文化」で伝えたい主張があるのです。それが「結論」に書かれてあります。しかし，いきなり「主張」だけを述べられたらどうしますか。例えば「お茶は病気の治療や予防に役立つ」とだけ急に言われたらあなたは納得できますか。

第4章　第3学年　国語嫌いな生徒が変わる授業&評価プラン　131

S　なんで，お茶なの？って思います。

T　そうですよね。いきなり自分が主張したいことだけを言っても相手には納得してもらえません。そこで，筆者は，なぜ「お茶は病気の治療や予防に役立つ」と考えたかという理由を相手が納得する形で提示していきます。そのために具体的なデータとそこから導き出される判断を「本論」で示します。「お寿司屋さんがお茶を出すのは，食中毒の予防のためだという事例」「お茶にはフッ素が入っていて虫歯を予防する事例」「お茶に入っているポリフェノールが血糖値を下げる事例」これがデータです。そして，このデータから「お茶は消毒の作用や体を整える働きがある」という共通する性質を導き出します。このような根拠を示されたらどうですか。

S　さっきよりは納得ができるようになりました。でもだからといって「病気が治せる」までいったら大げさじゃないですか？

T　そういう人もいるので，実はこの「本論」から「結論」の間に隠れている筆者の考えがあるのです。ここでは「消毒作用や体を整える働きがあれば，菌を殺し健康を維持できるので病気を治したり予防できたりする」という考えです。この考えからすると，「お茶は病気の治療や予防に役立つ」という主張に納得がいきますよね。このように，できるだけたくさんのデータや根拠に基づく考えを示してみんなに納得してもらおうと考えているのです。そして，今回のような具体的な事例から１つの主張を導き出していく論理の展開を「帰納法」といいます。では，実際にその展開を体験してみましょう。まず 浅田真央選手・羽生結弦選手・小平奈緒選手 という事例があったとしましょう。この事例から，この人たちの共通した性質を導き出します。何になりますか。

S　笑顔が素敵なメダリストだ。

T　そうですね。３人ともメダリストであり，笑顔もさわやかで素敵ですね。そして次に，本来ならば隠れている考えになりますが，それはどのように考えますか。ここは，個性が出てくるところになります。

S1　メダリストは努力をしている。

S2　メダリストは特別な人である。

S3　メダリストは小さいころからそのスポーツをしている。

T　ではそこから「結論」を導き出してみてください。

S1　笑顔が素敵なのは努力しているからだ。（努力して苦労しているから，心が穏やか）

S2　笑顔が素敵なのは特別な人だからである。（特別な人＝選ばれた人＝魅力的な人）

S3　笑顔が素敵なのは小さいころからスポーツをしているからだ。（スポーツから喜びや達成感を学んでいる）

T　このように隠れている考えが変われば「結論」もおのずと変わってきます。

つまずき克服のポイント

　主張を説得力あるものにするために「本論」や隠された考えがあることを教えることで，論理展開を考えるきっかけとなる。また隠された考えが変われば「結論」も変わると知ることで「まとめ」から「結論」の展開を自分なりに推測しようとする動機づけになる。

❷展開（30分）　グループで意見を交流し，筆者の論理の展開を推測する。

（p.136ワークシート２を使用）

T　先ほどの練習を「間の文化」という文章で考えていきましょう。（「本論」の中の「まとめ」部分のみを配付する）

T　今配付した「まとめ」では，以前学習した「三つの間」についてどんな共通の言葉でまとめられていますか？

S　「『間の文化』は日本の文化だと言える」とまとめられています。

T　そうですね，３つの事例で証明したかったことは「『間の文化』は日本文化である」ということですよね。では，ここから具体的に「結論」でどんな主張が書かれているのか推測してみましょう。必ず隠れた考えも入れてください。

S　「『間の文化』は日本文化である」からどんな考え方を導き出す？

S　日本文化がどうして「間の文化」って言えるか，ということよね。

S　事例が書かれているところからもう一度，「間」が与える影響を考えてみようよ。

S　空間的な間は４段落に「なんという軽やかさ，はかなさだろうか。」とあって，時間的な間は８段落に「のどかなものだ。」となっている。心理的な間は10段落に「衝突を和らげる」ってなってるよ。

S　それぞれを使うと「はかなく，のどかで衝突を和らげるものは日本文化だと言える」になるね。（中略）

T　それぞれ，「まとめ」から「結論」の展開を意識して考えられていますね。ではどんな展開になりましたか。グループごとに教えてください。（残りの班は省略）

| 1班 | 「間の文化」は「日本文化」だと言える。（まとめ） |
| 日本文化は心の目で見たり感じたりすることを美しいとするものだ。 |
| 「間の文化」は心の目で見たり感じたりすることを美しいとするものだ。（結論） |

| 3班 | 日本文化は「間の文化」だと言える。（まとめ） |
| 日本文化は，はかなくのどかで衝突を和らげるものである。 |
| 「間の文化」は，はかなくのどかで衝突を和らげるものである。（結論） |

T　１班は「間」を美しいと感じる場面を自分たちで想像しながら考えを展開していきましたね。確かに，日本の「間」は想像してその「間」の意味を補うことで完成すると考えてい

るのが日本らしさと言えるかもしれません。3班は本文をもう一度見直して，「間」が与える影響から考えを展開していきましたね。どの班も今回は，「日本文化」と「間の文化」を比較することでしっかりと「結論」を推測できました。

つまずき克服のポイント

導入で論理の展開を説明したことにより，自信をもって「結論」を推測できるようになる。また，他者との話し合いの中でキーワードを比較しそこから共通点や派生するものを見つけていくことで，論理の展開が広がりをもつようになる。そのため，次に行う「筆者の論理」との出会いがより主体的なものになる。

❸まとめ（10分）　筆者の「結論」を確認し，筆者の意図を読み取る。

T　実際に使われた「結論」の内容を確認してみましょう（「結論」の部分を教科書で確認する）。どのような展開になっていましたか。

S　「間の文化」は日本文化だと言える。（まとめ）
　　日本文化は「和」を誕生させた。
　　「和」を誕生させたのは「間の文化」である。（結論）

T　「『和』を誕生させたのは『間の文化』である」となりました。「日本文化は自然と調和するものを作ってきた」が隠れた考えとなり，「『間の文化』は『和』（自然と調和する）を作ってきた」と展開していくわけです。

T　では，自分たちの推測した展開と筆者の展開を比べてみましょう。

S　「日本文化」よりも「和」の方が「のどかさ」とか日本の美を表している感じがする。

S　自然と調和するから「和」という言葉が生まれたのか。確かに，「調和」するには「間」がないと成り立たないものね。

S　言葉は違っても，同じことを言っているので，どちらでも良い。

S　かなり近いところまで自分たちで迫れた感じがする。

T　では，最後にこの文章の全文を読んで，「結論」が「序論」や「本論」とも深く関わっていることを実感してみましょう。教科書 p.20 です。（通読）

T　このように筆者は自分の主張を全ての段落を通して，筋道を立てて述べているのです。

つまずき克服のポイント

ここでは筆者が述べた「結論」を自分たちの「結論」と比べ，さらに全文を通読することにより，論説文は「結論」だけで成り立っているのではなく，「序論」や「本論」との相互の関わりによって1つの説得力のある主張が生まれるのだと気づかせることができる。

6 ワークシート

❶ワークシート1

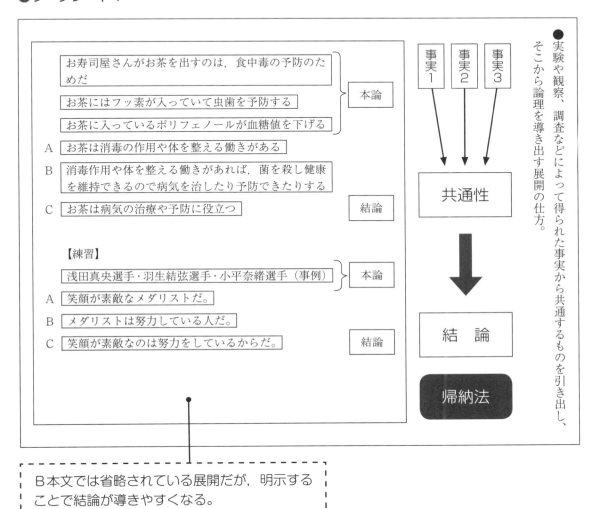

B本文では省略されている展開だが、明示することで結論が導きやすくなる。

❷ワークシート2

● 両者を比べてみて感じたことをまとめてみよう。

私たちの展開

空間的な間・時間的な間・心理的な間 （例示）

A 「間の文化」は日本文化だと言える。 （まとめ）

B 日本文化は「間」を美しいとするので「間の文化」だと言える。

C 「間の文化」は日本の美を作っている。 （結論）

筆者の展開

空間的な間・時間的な間・心理的な間 （例示）

A 「間の文化」は日本文化だと言える。 （まとめ）

B 日本文化は自然と調和するものを作ってきた

C 「間の文化」は「和」（自然と調和する）を作ってきた。 （結論）

・「日本文化」よりも「和」の方が「のどかさ」とか日本の美を表している感じがする。

・言葉は違っても、同じことを言っているので、どちらでも良い。

・かなり近いところまで自分たちで迫れた感じがする。

・「調和」するには「間」がないと成り立たないから納得できる。

「私たちの展開」と「筆者の展開」（右図のC）の観点を比べさせる。

7 評価のポイント

❶ Aの評価例

> 「まとめ」から「結論」の論理の展開がつながっていて、内容もまとまっている。

題名 「志望理由」

序論 充実した三年間を過ごしたい。

本論1 本物に触れる機会に積極的にチャレンジし、そこから知識や考え方をまなびたい。

本論2 野球部の厳しい練習の中で技術や精神面を鍛えたい。

Aまとめ 高いレベルでの文武両道を行い、たくさんの力を身につける。
B（たくさんの力を身につけることは社会で貢献できる力が増えることになる。）

C結論 高いレベルでの文武両道は社会で貢献できる力が増えることにつながる。

❷ Bの評価例

> 「結論」が「序論」になっており・「序論」「まとめ」から「結論」にかけての展開が考えられていない。

題名 「志望理由」

序論 将来の夢を叶えるため。

本論1 専門的な知識や技術を学べる。

本論2 ボランティアを通じて現状を知ることができる。

Aまとめ 夢を叶える身近な学びができる。
B（体験を通じて夢をかなえる身近な学びができる。）

C結論 だから夢を叶えるために希望した。

> 結論が「体験は夢を叶えるには大切な要素だ」などであるとAになる。

❸ Cの評価例

> 「結論」が夢を具体的に説明しているだけになっていて、「序論」とも「まとめ」とも関連づけられていない。

題名 「志望理由」

序論 将来の夢の為に、貴校でコミュニケーション力を身につけるため。

本論1 専門の授業を積極的に受ける。

本論2 学級活動も中心となって行う。

本論3 部活動ではたくさんの仲間を作る。

Aまとめ 夢を実現するためにあらゆる場面でコミュニケーション力を身につける。
B（心理カウンセラーになるという夢を実現するためにあらゆる場面でコミュニケーションを身につける。）

C結論 だから私の夢は心理カウンセラーになることだ。

> 結論が「コミュニケーションがうまくなれば心理カウンセラーになれる」などであるとAになる。

（前川　裕美）

6 我が国の言語文化に関する事項 慣用句・ことわざ（教育出版）

「ことわざプリント」づくりで、ことわざを多様に表現させる

1 生徒のつまずきの実態とつまずきを踏まえた言語活動の特徴

つまずきの実態 ことわざや慣用句など生活言語に興味・関心をもたず、語彙を増やす意欲に乏しい

言語活動の特徴 「ことわざ」をイラストと短作文で表現する活動

　全国学力・学習状況調査から、ことわざや慣用句の具体的表現や正しい意味を理解している生徒が少ないという結果が出た。また、表現や意味は知っていても、自分の文章や日常会話の中で活用している生徒が少ないという実態も明らかになった。特に「ことわざ」は、小学校の段階ですでに習っている内容であるが、実際に使う場面がないため生活言語として定着をしていなかったと考えられる。

　そこで、本単元では、あらためて「ことわざ」の意味と用法を調べ、正しい意味とそれを使った短文とイラストを作成することで（以後「ことわざプリント」と言う）語感や語彙を豊かにし、生活言語として使用できる力を育てていく。

2 単元目標

①「ことわざ」の使い方やはたらきを理解することができる。　　　　　　（知識及び技能　(1)イ）

②「ことわざ」を使った短作文づくりをとおして、文中における適切な表現を見つけることができる。　　　　　　　　　　　　　　（思考力，判断力，表現力等　「B書くこと」ウ）

③互いに作成した「ことわざプリント」から、ことわざを推測することができる。

（学びに向かう力，人間性等）

3 評価規準

①「ことわざ」に関する知識を広げ、語感を磨き語彙を豊かにしている。

②「ことわざ」の正しい意味を理解し，その用例を短作文とイラストに表現している。

③生活言語としてのことわざに興味関心をもち，実際に使おうとしている。また班活動において，他の作品からより多くの「ことわざ」を習得しようとしている。

4 単元計画（全3時間）

次	時	学習活動	総時間数
一次	1	学習課題：ことわざの理解度を確認しよう	1
		単元全体の意義と活動計画を聞く。 （p.141資料1（アンケート）の集計結果を使う） ことわざクイズプリントを使い，理解度を確認する。（ペア学習可） 国語便覧を使い，答え合わせをする。 担当することわざを決める。（p.141資料2）	
二次	1	学習課題：「ことわざプリント」を作成しよう	2
		本時の活動内容を確認する。 「ことわざプリント」を作成する。 （意味・同義のことわざ・短作文・イラスト（p.142資料3）） ことわざを使った短作文とイラストについて4人班で推敲する。 「ことわざプリント」を清書する。	
三次	1 （本時）	学習課題：「ことわざプリント」で交流しよう	3
		本時の活動内容を確認する。 完成した「ことわざプリント」を前時と違う4人班で交流する。 プリントを半分に折り，上のイラストだけを見て，どのことわざかを推測する。 ことわざの意味とイラストの整合性を確認させる。 本単元全体の振り返りを行う。	

5 本時の流れ（第三次1時）

●導入（5分） 本時の目標を提示し見通しをもたせ，班活動の体制を作る。

T　本日は，前回作成した「ことわざプリント」を使って，4人班で交流します。ただ発表す

第4章　第3学年　国語嫌いな生徒が変わる授業&評価プラン　139

るのではなく，クイズ形式で行います。各自のプリントを半分に折り，そのイラストと吹き出しから「ことわざ」を推測し答えるといった内容です。

❷展開（40分）　４人班で「ことわざプリント」の交流を行う。

T　それでは４人班を作ってください。順番は司会が決めなさい。始めてください。

S　このイラストを見て「ことわざ」を答えてください。Sさん，どうですか？

　　（司会の進行で指名していく。挙手制にすると一部の生徒の意見に偏る場合があるので指名制がよい）

　　（中略）

S　作成者は正解を言ってください。

S　作成者は続けて，下の意味と同義のことわざと短作文を読み上げてください。

S　（作成者，読み上げる）

S　上のイラストはことわざの正しい意味を表していると思いますか？

　　（整合性を確認していく）

　　（これを４人分繰り返す）

つまずき克服のポイント

　イラストは事前に他のことわざを使った見本プリントを用意し，イメージがわきにくい生徒に提示する。

　短作文は主語・述語を入れることと，辞書の用例を使うのではなく，自分の体験や身近なことに置き換えて表現させる。そのことによって，ことわざを生活言語として捉えることが実感できる。

　ことわざの意味をイラストとひと言吹き出しで表現することによって，意味が可視化しやすく，ことわざの意味や整合性等，視点を明確にして推敲することができる。

---

❸まとめ（5分）　「ことわざ」の正しい意味とその使い方についての理解を確認する。

T　本単元の取組を通して，「ことわざ」の正しい意味や使い方についての理解が深まったかについて，振り返りを書いてみましょう。

T　（このあと，数名振り返りを発表させる）

　単元終了後全員分の「ことわざプリント」を廊下に掲示した。同じ「ことわざ」でも人によって短作文やイラストの表現に違いがあり，興味深く鑑賞していた。

6 ワークシート

❶資料1

```
                  ことわざ・慣用句　アンケート    資料①　アンケート
                  3年（　）組（　）番　名前（　　　　　　　　）

  1．「ことわざ」・「慣用句」という言葉を知っていますか。
          知っている　　・　　知らない

  2．「ことわざ」・「慣用句」とは何か，意味を知っていますか。
          知っている　　・　　知らない

  3．作文や感想文など，自分で文章を書くときや，人前で話すとき，
    「ことわざ」・「慣用句」を意識して使いますか。
          意識して使う　　・　　意識していない

  4．「ことわざ」・「慣用句」を使って文章を書いたり，話したりし
    たいと思いますか。ア〜ウを選び，その理由を書いてください。
      ア．使えるようになりたい
      ┌─────────────────────────────┐
      └─────────────────────────────┘
      イ．特に使いたくない
      ┌─────────────────────────────┐
      └─────────────────────────────┘
      ウ．どちらでもない
      ┌─────────────────────────────┐
      └─────────────────────────────┘

  5．「ことわざ」や「慣用句」は，必要だと思いますか。
    アかイを選び，その理由も書いてください。
      ア．必要だと思う
      ┌─────────────────────────────┐
      └─────────────────────────────┘
      イ．必要だと思わない
      ┌─────────────────────────────┐
      └─────────────────────────────┘
```

❷資料2

ことわざ　一覧

① 頭隠して尻隠さず
② 二兎を追う者は一兎をも得ず
③ 雨降って地固まる
④ 石の上にも三年
⑤ 石橋をたたいて渡る
⑥ 急がば回れ
⑦ 犬も歩けば棒にあたる
⑧ 馬の耳に念仏
⑨ 縁の下の力持ち
⑩ 鬼に金棒
⑪ 壁に耳あり障子に目あり
⑫ 果報は寝て待て
⑬ 枯れ木も山のにぎわい
⑭ かわいい子には旅をさせよ
⑮ 木を見て森を見ず
⑯ 光陰矢のごとし
⑰ 後悔先に立たず
⑱ 猿も木から落ちる
⑲ 三人寄れば文殊の知恵
⑳ 初心忘るべからず
㉑ 知らぬが仏
㉒ 住めば都
㉓ 備えあれば患いなし
㉔ 棚からぼた餅
㉕ 鉄は熱いうちに打て
㉖ 灯台下暗し
㉗ どんぐりの背比べ
㉘ 泣きっ面に蜂
㉙ 情けは人のためならず
㉚ 二階から目薬
㉛ ぬかに釘
㉜ 猫に小判
㉝ 百聞は一見にしかず
㉞ 仏の顔も三度
㉟ 身から出たさび
㊱ 焼け石に水
㊲ 良薬は口に苦し
㊳ ローマは一日にしてならず
㊴ 渡る世間に鬼はない
㊵ 笑う門には福来たる

【書く内容】
1　ことわざ
2　ことわざの意味
3　同じような意味のことわざ
4　そのことわざを使った例文
5　絵と吹き出し

★一人一つずつ分担します。

第4章　第3学年　国語嫌いな生徒が変わる授業＆評価プラン　141

❸資料３

ことわざ

【意味】

【同じ意味のことわざ】

【例文】

３年（　）組（　）番
名前（　　　　）作

❹付録　語彙力向上プリント「ことのは」

　『ちょっとを　少しずつ』をモットーに，毎授業の漢字小テスト（「スキルテスト」と称する）と連動して辞書引き学習を行っている。その後，調べた語句を使って短作文を書かせ，全体で交流会を行い，語句の正しい使い方を学んでいく取り組みである。その結果，生徒たちの「語彙力」の向上と「書く」ことへの意欲向上を図ることができた。現在も継続中である。

語彙力向上プリント『ことのは』

一、はじめに

言葉を大切にしよう
だって
言葉で考えるのだから
言葉で伝えるのだから
言葉で人格ができていくのだから

　右の文にあるように、「言葉」は、みんなの生活に欠かせない表現の道具です。また、成長していく過程で、あなたがどんな言葉で考えるかによって、"人格"ができあがります。そう考えると、生きていく上で、多くの語彙を身につけ、使えるようになることは、とても大切なことだと気づきます。自分の思いを、正しくより豊かに表現するために、また他者の考えを正しく理解するために、語彙力を向上させていきましょう。

　毎時間、国語の授業の中で、「ことのは」プリントに取り組んでいきます。

二、学習方法

① 毎回、スキルテストに出題された問題から、一〜二個意味調べをし、意味を書く。
（調べる語句は、こちらから指定する）

② 週の終わりの授業で、調べた語句を使って、左の原稿用紙に、短文を作成する。

条件① 調べた語句を三つ以上使うこと。
条件② 三文以上で構成されていること。
条件③ 作り話でよいが、作成した三文が、適切な接続語によって文章につながりをもたせること。
条件④ 原稿用紙の使い方を守ること。
条件⑤ 文体（常体・敬体）を統一すること。
条件⑥ 時間は五分とする。

三、文章作成後回収し、評価する。

「ことのは」プリント　No.

語句	読み	意味

組　番（　　）

（山端早百合）

【編著者紹介】

吉川　芳則（きっかわ　よしのり）
兵庫教育大学大学院教授。博士（学校教育学）。
兵庫県生まれ。神戸大学教育学部卒業。兵庫県公立小学校教諭，兵庫教育大学附属小学校教諭（この間に兵庫教育大学大学院修士課程言語系コース修了），兵庫県教育委員会事務局指導主事を経て現職。全国大学国語教育学会（理事），日本国語教育学会，日本読書学会，日本教育方法学会等会員。国語教育探究の会代表。

【主な著書】

『論理的思考力を育てる！批判的読み（クリティカル・リーディング）の授業づくり―説明的文章の指導が変わる理論と方法―』（明治図書，2017年，単著）
『主体的な〈読者〉に育てる小学校国語科の授業づくり―辞典類による情報活用の実践的方略―』（明治図書，2017年，共編著）
『アクティブ・ラーニングを位置づけた中学校国語科の授業プラン』（明治図書，2016年，編著）
『教室を知的に，楽しく！　授業づくり，学級づくりの勘どころ』（三省堂，2015年，単著）
『説明的文章の学習活動の構成と展開』（溪水社，2013年，単著）
『クリティカルな読解力が身につく！説明文の論理活用ワーク（低・中・高学年編，中学校編）』（明治図書，2012年，編著）
他多数

【執筆者一覧】（所属は2018年度）

吉川　芳則	兵庫教育大学大学院教授
城間　俊人	兵庫県洲本市立青雲中学校
井上　優子	兵庫県姫路市立四郷中学校
西山佳代子	兵庫県養父市立八鹿青渓中学校
西田　美和	兵庫県丹波市立和田中学校
前川　裕美	兵庫県宝塚市立南ひばりガ丘中学校
山端早百合	兵庫県明石市立江井島中学校

国語嫌いな生徒が変わる！
中学校国語科つまずき対応の授業＆評価プラン

2018年10月初版第1刷刊　Ⓒ編著者　吉　川　芳　則
　　　　　　　　　　　　　発行者　藤　原　光　政
　　　　　　　　　　　　　発行所　明治図書出版株式会社
　　　　　　　　　　　　　　　　　http://www.meijitosho.co.jp
　　　　　　　　　　　　　（企画）木山麻衣子（校正）大江文武
　　　　　　　　　　　　　〒114-0023　東京都北区滝野川7-46-1
　　　　　　　　　　　　　振替00160-5-151318　電話03(5907)6702
　　　　　　　　　　　　　　　　　　ご注文窓口　電話03(5907)6668
＊検印省略　　　　　　　　組版所　中　央　美　版

本書の無断コピーは，著作権・出版権にふれます。ご注意ください。

Printed in Japan　　　　　　　　　　ISBN978-4-18-143028-3
もれなくクーポンがもらえる！読者アンケートはこちらから　→